Peter Thul: Auswandern – Nix wie weg!

Herstellung: Books on Demand GmbH
ISBN 3-8330-1049-5

Homepage des Autoren: http://auwandern-heute.de

Peter Thul

AUSWANDERN

Nix wie weg!

Inhalt

Der Traum vom neuen Leben

Fünfunddreißig Minuten auf Video waren es, dann stand es für Rolf Altenberger und Frau Hilde fest: Wir verkaufen unser Haus, packen den Container und wandern nach Paraguay aus...

»Wir haben uns die Kassette bestimmt hundertmal angesehen. Und weitere hundertmal spielten wir diesen schönen Film unseren Freunden und Verwandten vor.« Rolf Altenberger legt seinen Arm um Hildes Schultern, dann deutet er auf den kleinen Swimmingpool im Garten. »Hier haben wir alles, wovon wir immer geträumt haben: viel Sonne, Palmen, Kolibris die umherschwirren und ein Leben ohne Stress. Wir haben unseren Entschluss nie bereut...«

Hilde lächelt säuerlich und nickt.

Ihr Traum von einem neuen Leben begann vor acht Jahren, als die beiden ein großes Haus am Stadtrand von Asunción mieteten und es als Pension für Deutsche umfunktionierten. Ein Hausmädchen für runde sechzig Mark pro Woche konnten sie sich noch nicht leisten. Hilde musste also selbst ran, war Zimmermädchen, Putze, Köchin, Kellnerin, Portier und Ehefrau in einem. Rolf fuhr die dünngesäten deutschen Gäste herum, zeigt ihnen das Land, erledigte Behördengänge für die ›Neuen‹ und war Gärtner, Wirt, Reiseleiter und Handwerker im eigenen Haus.

»Zu anderen Deutschen hatten wir eigentlich nur wenig Kontakt«, meint er zurückblickend. »Am besten, man hält sich da zurück. Kaum drehst du denen den Rücken zu, dann wird schon über dich hergezogen.«

Deswegen, und um keine schlafenden Hunde zu wecken, gibt es auch kein Transparent vor der Tür, und kein noch so kleines Hinweisschild, das darauf hindeutet, dass man hier übernachten und wohnen kann. Die Altenbergers inserieren in Deutschland und angemeldete Pensionsgäste holen sie vom Flughafen ab. Da braucht man kein Hinweisschild.

»Unauffällig im Hintergrund bleiben«, meint Rolf Altenberger, »damit fährt man im Ausland immer am besten.«

Einmal, erinnert er sich, eckte er schon mal an, weil er seine Klappe nicht halten konnte und in einem deutschen Lokal vor allen Leuten einen deutschen Immobilienmakler als Betrüger bezeichnet hatte, worauf die Polizei bei ihm zu Hause auftauchte und ihn einsperren wollte. Die Sache lief noch mal glimpflich ab, doch er hat gelernt daraus.

»Der Kerl hatte einfach die besseren Karten!« schimpft er. »Lebte schon zu Stroessners Zeiten hier, wo er für die paraguayische Geheimpolizei Deutsche an ihren Stammtischen bespitzelte! Aus der Zeit hat er immer noch ein paar gute Verbindungen...«

So zufrieden, wie die Altenbergers aus dem Schwäbischen, sind aber nicht alle Einwanderer, die in der Fremde ihr Glück suchten. In vielen Ländern, wo sich einst die hartgesottenen deutschsprachigen Pioniere ansiedelten, wird auch heute noch mit zuweilen recht harten Bandagen gekämpft.

Ausgeraubte, betrogene oder zusammengeschlagene Österreicher, Deutsche und Schweizer gab es in den letzten Jahren weltweit. Einige wurden gar angeschossen, umgebracht, zu Krüppeln geschossen oder sie nahmen sich aus Enttäuschung, Einsamkeit oder vor dem finanziellen Ruin stehend selbst das Leben. Der Traum vom neuen Leben erfüllt sich halt nicht immer und endet oftmals sogar mit einer Tragödie.

Etwa wie bei dem 56jährigen Hermann K., der in Deutschland alles verkauft, und bereits in der alten Heimat von einem Landsmann ungesehen paraguayisches Land erworben hatte. Einige Monate später wanderte er mit seiner behinderten kleinen Tochter nach Paraguay aus, wo dann das böse Erwachen folgte: sein gesamtes Geld hatte er für ein moorastiges Stück Land ausgegeben, das seit Jahren völlig unter Wasser stand. Zu stolz, in sein Heimatdorf zurückzukehren, fand man ihn Tage nach dieser Erkenntnis erhängt in einem Zimmer der Evangelischen Frauenhilfe. Seine behinderte Tochter kauerte völlig verstört auf dem Boden und weinte...

Oder wie Dieter Hansen, der – ebenfalls in Paraguay – immer mehr auf den Hund kam und sich eines Morgens vor der Tür des kleinen Polizeigebäudes von Areguá eine Kugel durch den Kopf schoss. Zwei Polizisten schleppten die Leiche dann vor sein Haus und legten sie dort an der Türschwelle ab – das ersparte ihnen den Papierkram.

»So lange du noch Geld hast, hast du jede Menge Freunde hier«, weiß auch Herbert Schuler aus Bolivien zu berichten. »Aber wenn bei dir nichts mehr zu holen ist, bleibt dir nur noch 'ne Kugel oder der liebe Gott...«

Der Spruch: ›*Wie macht man im Ausland ein kleines Vermögen? – Indem man ein großes mitbringt!*‹ macht deshalb seit Jahrzehnten die Runde unter den ausgewanderten Deutschen in aller Welt, selbst im Europa nahen Gran Canaria. Und auch Herbert Schuler, der heute in einer mehr als erbarmungswürdigen Hütte haust, musste lernen, wie rasch so was gehen kann. Er kam vor sieben Jahren mit knapp einer Viertelmillion Mark nach Bolivien – seit fünfeinhalb Jahren ist er völlig pleite...

Ihm wurde – wie so oft bei auswandernden Junggesellen – eine recht hübsche Einheimische zum Verhängnis. »Ein faules, berechnendes Luder«, weiß er heute, aber damals erkannte er das noch nicht. Es war die große Bilderbuchliebe. Er, der Frührentner aus der Nähe von Heilbronn – sie, die glutäugige Exotin, die mit jüngeren Männern nichts anfangen könne und daher einen reiferen Mann fürs Leben suchte. Fünf Monate, nachdem Herbert Schuler den Boden der ›Neuen Welt‹ unter den Füßen hatte, wurde geheiratet. Ein tolles Fest mit Partyservice, Musikkapelle und 150 Verwandten und Freunden der frischgebackenen Ehefrau.

»Wir waren gerade eine Woche verheiratet, da verlangte sie ein Dienstmädchen, lag nur noch im Bett und guckte die *Novellas* im Fernsehen an (beliebte tragische TV-Serien mit unendlich vielen Fortsetzungen in Südamerika). Ständig hatten wir Besuch von ihren Verwandten und einige ihrer Geschwister nisteten sich auf Dauer bei uns ein. Da wurde es mir zu dumm und ich sagte, dass ich das Haus verkaufen wolle, um mit ihr in den Süden zu ziehen, wo ein Bekannter von mir lebte.«

Als Herbert Schuler endlich einen Käufer für sein Haus gefunden hatte, entschloss sich die Familie zur Selbsthilfe. Unter dem Vorwand, dass ihr bei der Bank arbeitender Schwager für den Dollarscheck des Kunden einen weitaus besseren Kurs erhielte, erschlich sich die fernsehsüchtige Gattin den Barscheck und – Herbert Schuler sah Frau und Scheck nie wieder...!

Umgerechnet 170.000 Mark waren zum Teufel, aber Herbert – noch unerfahren in der Justizsprechung des Landes – wollte sein Recht nun erzwingen und schaltete einen Anwalt ein, wofür er eine Anzahlung von 10 Prozent des Streitwertes auf den Tisch packte, also runde 17.000 Mark. Den Fall zu gewinnen, so versicherte ihm sein Anwalt, sei angesichts der klaren Rechtslage sicherlich kein Problem.

Inzwischen vermutet Herbert Schuler, dass sich sein schlitzohriger Rechtsberater direkt an die Familie wandte und mit den Einheimischen gemeinsame Sache machte. Durch Eingaben und seltsame Zeugen verlor sich die Klage praktisch im Nichts. Dann war das Geld alle und der Anwalt zuckte bedauernd mit den Schultern. Nichts zu machen, gegen diese Zeugen käme selbst er nicht an...

Es ist seltsam. Aber die meisten, ach so sonnigen und Erfüllung verheißenden Auswanderungsländer hinterlassen nach dem ersten Kennenlernen selbst bei den misstrauischsten und besonnensten Menschen zunächst nur einen tiefen Eindruck von beschwingter Leichtlebigkeit. Alles erscheint anders, als in der alten Heimat. Unkomplizierter, fröhlicher, lebens- und vor allem liebenswerter.

Deutsche Restaurants, deutsche Brot- und Wurstwaren, deutschsprachige Zeitungen, Videotheken, Hotels und Klubs vermitteln überall dort, wo sich Deutschsprachige ansiedeln, eine gewisse Heimatverbundenheit, welche die Entscheidung leicht macht, hier in dieser so unkompliziert wirkenden Welt ohne Leistungsdruck und Stress irgend etwas Neues anzufangen.

Wer mit diesem Gefühl im Herzen dann wieder über dem trübgrauen Himmel von Frankfurt einfliegt, dem wird zunächst einmal kotzübel. Den so streng reglementierten deutschen Alltag mit all seinen Gesetzen, Verordnungen, Pflichten und persönlichen Existenzängsten empfinden die meisten, die von ihrer ersten Schnupperreise zurückkehren, als bedrückend, hemmend und deprimierend. Spätestens nach zwei, drei Monaten beginnt dann in der Regel das Fernweh zu nagen und selbst die konservativsten Schweizer, Deutschen und Österreicher beginnen dann, ihr neu entdecktes Traumland gezielt in ihrem künftigen Leben einzuplanen.

Nicht nur die Fremde reizt – wieder dem Alltagstrott einverleibt, sind es meist die Unzulänglichkeiten des bisherigen Lebens, Existenzängste, Leistungsdruck und endlich die neu gewonnene Erkenntnis, dass wohl nur auf neuen Schlachtfeldern Ruhm und Erfolg zu ernten sind, die den Drang in die Fremde immer mehr und immer zunehmender beflügeln.

Eine kleine, eigene Farm in Paraguay, ein Restaurant an der Küste der Kanaren, der kleine Bauernhof in Südfrankreich oder Irland, griechische Sonne, der Neubeginn, irgendwo in einem Traumland, wo man sich mit den in Deutschland längst veralteten Maschinen eine neue Existenz aufbauen kann, oder auch ›nur‹ ein lebenswerteres Leben unter Palmen; die Abgeschiedenheit eines verschlafenen Pyrenäendörfchens oder der erste eigene Pool im tropischen Garten locken... und locken... und locken...

Dies alles hat man ja bei den ersten Besuchen im neuen Land der Erfüllung hautnah selbst erleben dürfen. Wie könnte man da, angesichts dieser märchenhaften Eindrücke noch widerstehen? Und wo schon könnte man auch nur annähernd Ähnliches in der alten Heimat finden? Diese herrlichen frühmorgendlichen Ausritte auf dem Pferd, die unvergesslichen Abende am Lagerfeuer, das Rauschen der Wellen an der Küste, diese liebenswerten Einheimischen aus dem Dörfchen im Tal, all die unvergesslich schönen Sonnenuntergänge, Flussfahrten, das Fischen im Amazonas oder die unberührten Wälder Kanadas...

Und so färbt sich das graue Deutschland mit jeder Erinnerung ein bisschen trüber. Noch einmal schiebt man die Kassette ins Videogerät, genießt die Fahrt im Jeep über die holprigen roten Sandpisten, das abenteuerliche Steckenbleiben im Schlamm, die eiskalte *Cervesa,* die Klänge von Harfen und Gitarren oder den Gesang einheimischer Folkloregruppen, der sich mit dem Kreischen von Papageienschwärmen zu einem unvergesslichen Erlebnis vermischte.

Und schon haben die Finanzämter in der alten Heimat wieder einen braven Steuerzahler mehr verloren – eine Familie, die ihn träumen will, diesen langgehegten, wunderschönen Traum vom neuen Leben...

Fremde Welt und neue Freunde

Menschen, die auswandern möchten, haben ein immenses Informationsbedürfnis, das man selbst heute, im Zeitalter einer gigantischen Medienlandschaft, kaum stillen kann. Doch selbst das weltweite Internet mit seinen Tausenden von Länder-Homepages, Reiseseiten und Auswanderer-Foren bietet nur scheinbare Abhilfe.

Meist wird dort noch kräftig Öl ins Feuer des lodernden Heimatfrustes geschüttet und die neue Wahlheimat in den prächtigsten Farben geschildert. Deutsche Hotels im Ausland, private Immobilienanbieter oder kommerzielle Makler, Pensionen, deutsche Sport- und Freizeitklubs usw. haben ihre Webseiten in der Regel eingerichtet, um damit Kunden zu werben – nicht um sie zu vergraulen. Und so sind denn auch wirklich neutrale Informationen, die auch schon mal vor den Schattenseiten des Auswanderns oder eines Landes warnen, leider mehr als rar.

Was dem Auswanderer bleibt, ist nach wie vor der Sprung ins kalte Wasser. Dieser ist zwar heute nicht mehr so endgültig wie bei unseren ausgewanderten Großvätern, dafür jedoch kostenintensiver als früher. Sich mit einem Kleiderbündel, 500 Euro Erspartem und Gottvertrauen von der alten Heimat abzunabeln, funktioniert heute nicht mehr. Bereits die Vorkosten der Schnupperreisen schlagen bei vielen so zu Buche, dass sie eigentlich diesen entscheidenden Schritt besser nicht wagen sollten. Man weiß es, tut es dann aber trotzdem – Heimatverdrossenheit nagt stärker, als das Unbekannte!

Bei Familienumsiedlungen ist es in der Regel zunächst der männliche Familienvorstand, der den Impuls zum Auswandern gibt. Und er ist es auch, der in 80 von 100 Fällen die ersten Informationen sammelt und dann nach einiger Zeit mit einem Familienmitglied ins gewählte Ausland fliegt, um sich vor Ort einen Eindruck zu machen. Gefällt ihm, was man ihm dort präsentiert, folgt Monate später meist eine zweite Reise, an welcher nun auch die Gattin, zuweilen auch der Rest der Familie teilhaben kann.

Das geht ins Geld, bei vielen bereits ans Eingemachte, und deswegen wird schon hier, bei diesen so immens wichtigen Informationsreisen gespart wo immer es geht. Drei Wochen müssen oft reichen, um mit der Familie endlich jenes Land kennen zu lernen, in welchem man völlig neu beginnen will, wo man in unbekannten Territorien seine Familie ernähren muss, wo die Kinder einmal berufstätig werden sollen und wo man selbst irgendwann mal begraben wird.

Im Einwanderungsland selbst kennen die Makler, Verkäufer und Hilfswilligen natürlich längst diese Zeitprobleme, welche dann auch mit präziser Logistik genutzt werden. So schlägt denn mit jedem unter Zeitdruck stehenden Neuankömmling die Stunde all jener, die bereits dort leben, sich bestens auskennen und an den gutgläubigen und blauäugigen Frischlingen verdienen wollen.

Und gerade diese knapp bemessene Zeit der Neuen, diese erbärmlichen vierzehn Tage oder drei Wochen, die niemals ausreichen, um ein neues Lebensumfeld auf Herz und Nieren prüfen zu können, diese viel zu kurzen Aufenthaltsphasen im Land des erträumten Neubeginns, sind es, welche immer wieder aus Hoffnungen und guten Vorsätzen die viel zu lange Leidenskette von traurigen Schicksalen, kaputten Träumen und gestrandeten Auswanderern prägen.

»Selbstverständlich holen wir Sie gerne am Flughafen ab und helfen Ihnen bei der Beschaffung Ihrer Daueraufenthaltsgenehmigung«

Dieser sympathische Service, den scheinbar jeder anbietet, der im Ausland Grundbesitz veräußern will, klingt wie eine großzügige Geste, ist tatsächlich aber oft nichts anderes, als nackter Selbstschutz. Einen potentiellen Kunden nämlich bereits am Flughafen sich selbst zu überlassen, bedeutet in vielen Auswanderungsländern, umsonst inseriert und sein gutes (oft letztes) Geld sinnlos zum Fenster rausgeworfen zu haben. Die Konkurrenz schläft nicht, und schon gar nicht am Flughafen oder in einigen deutschen Hotels, Biergärten und Restaurants im Ausland.

Oberstes Gebot für zahlreiche deutschsprachige Anbieter von Land- und Immobilienobjekten ist daher das Abschotten ihrer Interessenten. So geschickt versteht sich, dass diese es nicht spüren! Und da sich die meisten Ankömmlinge nur zwei oder drei Wochen im Land aufhalten, entwickelt sich diese relativ kurze Zeit für viele private oder kommerzielle Verkäufer zu einem stressigen Fulltime-Job.

Da sitzt man abends in speziell ausgewählten Restaurants, genießt dort mit dem netten Hausverkäufer das Essen, den kühlen Abendwind, das Rauschen der Brandung oder das Zirpen der Zikaden. Der Tag war wunderschön, denn er war bestens vorausgeplant. Man genießt die Sehenswürdigkeiten des Landes, die liebenswerten Einheimischen, das Flair der neuen Heimat und lernt sogar ein paar glückliche deutsche Einwanderer kennen, die den beneidenswerten Absprung bereits geschafft haben (und sorgsam vom ›Betreuer‹ ausgewählt wurden).

Woww! Das ist es!

Eine neue, liebenswerte Welt ohne Probleme und Behördenfrust! Viel Sonne und eine beeindruckende Natur – alles ist so völlig anders als daheim: schöner, stressärmer, freier. Die vorgeführte Lebensqualität, die irgendwann einmal in jedem auch noch so schönen Winkel dieser Erde vom ganz normalen Alltag abgelöst werden wird, schillert in ihren verlockensten Farben. Und der lächelnde Hausverkäufer am anderen Ende des Tisches schwitzt derweil Blut und Wasser, weil ihm unentwegt Gedanken durch den Kopf kreisen, die all seine privaten Probleme auf einen Schlag lösen könnten:

»Hoffentlich kaufen sie! ER sieht ja aus, als wolle er, aber SIE ist ein harter Brocken und sitzt auf der Kohle! Wenigstens zu 'ner Anzahlung muss ich sie kriegen, sonst sieht's übel aus! Gott, da drüben sitzen Meiers, die vorigen Monat überfallen wurden! – Hoffentlich kommen die nicht hierher an den Tisch... «

Bereits die eigentlich ganz natürliche Frage neu Angekommener, ob man hier eine deutschsprachige Zeitung kaufen könne, löst in der Regel blankes Entsetzen bei vielen Anbietern aus. Billigangebote in den Kleinanzeigen und die oft wenig verkaufsfördernden Presseberichte über abgemurkste Deutsche, Rinderseuchen, Behördenübergriffe, oder von Banken, die das angelegte Vermögen ihrer Kunden durchgebracht haben, Artikel über die stagnierende Wirtschaft im Land, über Unwetter oder Wirbelstürme, die ständig steigenden Lebenserhaltungskosten usw. – jedes Land hat da seine eigenen Schattenseiten – könnten die Kaufinteressenten mit Recht verunsichern. Also startet man zu weiteren Ausflügen und man kommt nie so recht dazu, das hier erscheinende deutschsprachige Blatt zu kaufen.

Selbst im nahen Spanien werden auf diese Art Jahr für Jahr Deutsche von Deutschen eingeseift. Wer seine Immobilie wieder verkaufen möchte, muss lügen wo es notwendig wird, das Land in den tollsten Farben schildern und eine heile, neue lebenswerte Welt präsentieren. Nur so beißen die Frischlinge weltweit an.

Wie bei Irmgard Matthes, die ihr viel zu teuer gekauftes Haus in Santo Domingo wieder zu einem akzeptablen Preis loswerden wollte:

»Ei, ich kann Ihne was sage – hier habbe se nur Freunde, die würdde se in Deutschland nittemal mit'em Arsch angugge...« Und nach einem vorwurfsvollen Blick des Gatten: »Ei, is doch wahr! Wen habbe ma denn als Freind? Um hier zu läbe un de ganze Dag Viddeo zu gugge, ei, dafür simma net ausgewandert...!«

Sieben Jahre lebte sie mit ihrem Mann im immer schattiger werdenden Inselparadies der Dominikanischen Republik, dann stand es endgültig fest für die beiden: das Haus sollte wieder verkauft werden – und dann nix, wie zurück! Und weil die Kosten zumindest wieder halbwegs reinkommen sollten, boten sie das Haus natürlich hauptsächlich gut betuchten auswanderungsfreudigen Deutschen an. Ein Umstand, der den Teufelskreis von Sehnsucht und Frust wieder schließt, da mögliche Interessenten natürlich – eigennützig, wie bei jedem Hausverkauf – trotz miesester Erfahrungen eingelullt und für das ›so herrliche Land‹ aufbereitet werden.

Und genau hier liegt eines der Geheimnisse, warum all die Länder, in welchen bereits so viele Deutsche, Schweizer und Österreicher regelrecht gestrandet sind, immer wieder in den tollsten Farben dargestellt werden. Wer sein Objekt ohne nennenswerte Verluste – lieber natürlich mit einem kleinen Häppchen obendrauf – abstoßen will, wird zwingend die Vorteile des neuen Domizils hervorheben und tunlichst sämtliche Nachteile verschweigen.

Es liegt also in der Natur der Sache – oder besser noch: in der Tücke des Objekts – dass man sich schon fast gezwungen sieht, zu lügen, dass sich die Balken biegen, nur um die Vorzüge dieses herrlichen Fleckchens Erde hervorzukehren.

Verschwiegen werden Erlebnisse, wie etwa das Hausmädchen von Jürgen Seitz aus der Dominikanischen Republik, das »plötzlich die Spüle in der Küche mit Würmern voll kotzte, nichts als gut zwei Hände voller Würmer. Die hatten nicht mal ein Kartoffelstückchen von ihrem Mageninhalt übriggelassen...«

Und Gerhard R. aus Paraguay hat den Frischlingen, die seinen Videoladen schließlich übernahmen, ganz sicherlich nicht erzählt, dass er einmal, weil er nicht mehr so gut hörte, zum Ohrenarzt ging, der ihm den toten Kadaver einer halben *Cucaracha* (fingerdicke Küchenschabe) aus dem Ohr spülte. Das eklige Vieh hatte sich, während er schlief, ein neues warmes Plätzchen im Gehörgang verschafft.

»Im gleichen Jahr operierten sie mir drei Maden aus dem Oberschenkel. Ich hatte versucht, sie selbst rauszuziehen, aber das Loch war zu klein und die zogen sich sofort zurück. Ein Arzt hat mir dann das Bein aufgeschnitten und zog drei solche Kerle raus...« Er hält das oberste Glied des kleinen Fingers in die Höhe und demonstriert Länge und Dicke der Maden. »Kein Wunder, dass ich die nicht rauskriegte. Es waren Maden von einer Fliege oder von einem *Ura...*«

Niemand redet über die bis zu 15 Zentimeter großen Vogelspinnen, die jedes Jahr im März/April, gleich mit zwei Giftdrüsen ausgestattet (Giftzähne und Stachel) in Südamerika auf Brautschau gehen, wobei sie auch schon mal der Küche, dem Schlaf- oder Kinderzimmer einen Besuch abstatten. Und niemand erwähnt die extrem flachen *Ñandupé*-Spinnen dort, die in atemberaubendem Tempo selbst durch die kleinsten Ritzen huschen können und mit einem Gift ausgestattet sind, das jenes der Vogelspinne zu einem harmlosen Cocktail herabwürdigt.

All die Korallenschlangen, schwarzen *Mambas*, die Wasserprobleme in einigen Ländern oder Inseln, die allgegenwärtigen Moskitoschwärme in kanadischen Wäldern und in vielen Sonnenparadiesen dieser Welt – dies alles wird wohlweislich totgeschwiegen. Warum auch nicht? Schließlich möchte man verkaufen und es ist nicht Sache des Verkäufers auf die Macken in seinem Land aufmerksam zu machen.

Hier muss der Neueinwanderer selbst rührig werden, aber da reichen eigentlich die drei Wochen normalen Info-Urlaubs nicht aus. Er ist es, der herausfinden muss, dass durch das rigorose Abholzen der Urwälder und durch andere Umwelteinflüsse die jährlichen Unwetter in einigen Kontinenten bedrohlich zugenommen haben und die Stürme und Hurrikans dort immer verheerender werden. Und er selbst muss ergründen, dass die Kriminalität in seinem favorisierten Land möglicherweise so stark zugenommen hat, dass Ausländer hier bereits wegen ein paar Dollar oder einem Videorekorder massakriert wurden.

Denn der Verkäufer wird tunlichst verschweigen, dass er mindestens zehn Leute kennt, die aus dem letzten Loch pfeifen, aber kaum einen, der es in seinem Land ›zu was gebracht hat‹. Er schwindelt sich durch, ist guter Freund und ein netter Kumpel, blockt ernsthafte Interessenten gegen jeden möglichen (deutschsprachigen) Einfluss von außen ab, und er ist in der Regel heilfroh, wenn er nach den stressigen drei Wochen seine, nun völlig vom Land begeisterten Schützlinge wieder zum Flughafen bringen kann. – Froh, weil alles gut ging, die braven Leutchen nicht mitkriegten, wie hier der Hase läuft, und besonders froh, weil der Vorvertrag, die Anzahlung oder gar die notarielle Eigentumsübertragung ›gelaufen ist‹.

Und während die stolzen Besitzer des neuen Eigenheimes, der Finca oder der kleinen Farm noch einmal im Flugzeug mit verklärtem Lächeln die herrlichen Tage in diesem freien Land Revue passieren lassen, während beim Verkäufer die wenigen Eingeweihten anrufen und fragen: »Und – haben sie gekauft...?« – währenddessen packen in der Schweiz, in Österreich oder in Deutschland die nächsten vierhundert Neugierigen gerade ihre Koffer, um morgen mit der gleichen Maschine ins vielversprechende Auswandererparadies zu jetten, wo andere Verkäufer bereits heißhungrig und ein bisschen lampenfiebrig auf die neuen Frischlinge warten, um ihnen eine ebenso perfekte Landesshow zu bieten...

Heimatverdrossenheit

Nun wäre es ungerecht, zu behaupten, dass grundsätzlich jeder Auswanderer zunächst einmal abgezockt wird. Natürlich gibt es auch jede Menge Ausgewanderte, die sich ein Häuschen kauften, einen gesunden eigenen Betrieb aufbauten oder eine Farm oder einen Bauernhof erworben haben, ohne dabei aufs Kreuz gelegt zu werden. Es gibt sie, diese glücklichen Auswanderer. Auch jene, die mit ihrer kleinen Rente im Ausland bequem auskommen und das Leben im Land ihrer Träume endlich genießen können. Und auch die, die einen guten Job fanden, die eine florierende Firma aufgebaut haben oder jene ›Ex-Deutschen', die nun einfach zufriedener und unbeschwerter als früher in der alten Heimat leben.

Der Haken daran ist eigentlich nur, dass die, die es in der Fremde nicht geschafft haben, den weitaus größten Anteil an Auswandererschicksalen bilden. Diese negative Tendenz liegt einerseits daran, dass beim Verwirklichen von Auswanderungsträumen zu oft Vernunft und sachliche Nüchternheit von emotionellen Impulsen und spontanen Zusagen ausschaltet werden, andererseits aber auch an den inneren Strukturen der Einwanderungsländer selbst, die sich von Land zu Land völlig unterschiedlich darstellen.

Wer auswandern möchte, sollte sich daher stets darüber im Klaren sein, dass ihn z.B. wirtschaftliche Erfolge, soziale Absicherung, eine gute ärztliche Versorgung und selbst so etwas wie ein ›zufriedener Wohlstand‹ meist nur dort erwarten, wo einem das Einwandern nicht allzu leicht gemacht wird. Bei den meisten Auswanderungswilligen scheint dies zunächst jedoch nur eine Nebenrolle zu spielen, wie eine Umfrage auf den Webseiten von ***http://auswandern-aktuell.de*** zeigt.

Die Frage »Warum wollen Sie eigentlich auswandern?« beantworteten bis Juni 2003 etwa 8000 Personen. Davon sagten...

(1) 1.850 »Hier hat man keine richtige Zukunft mehr«.
(2) 1.250 »Ich will noch mal neu anfangen...«
(3) 1.200 »Viel Sonne und eine höhere Lebensqualität.«
(4) 1.120 »Hier ist alles irgendwie festgefahren.«
(5) 740 »Mir stinkt die alte Heimat einfach.«
(6) 710 »Neue Menschen und Aufgaben reizen mich. «
(6) 560 »Ein Häuschen unter Palmen, viel Sonne...«
(7) 570 hatten »andere Gründe.«

Im Klartext zeichnet diese Umfrage ein eindeutiges Bild von überwiegender Heimatverdrossenheit (Positionen 1, 4, 5) und beruflicher Unzufriedenheit (Position 2 und teilweise wohl auch Position 6). Weit über die Hälfte der Befragten lockt also nicht die Ferne, sondern die Ursachen für ihren Auswanderungswunsch liegen in ihrer Noch-Heimat, in der sie sich nicht mehr wohlfühlen. So unwohl immerhin, dass sie die Ungewissheit und Risiken in Kauf nehmen würden, die sie in einem fremden Land erwartet.

Bei diesem entscheidenden Lebenseinschnitt wählen dann etwa 33% aller Abwanderer den etwas überschaubareren Umzug in ein europäisches Land (von 20.000 Befragten), danach folgen

- ein Land in Südamerika (19,5%),
- nach Kanada und USA (16,5%),
- nach Australien/Neuseeland (12%),
- ein Land in Asien (10%),
- ein Land in Afrika (9%).

Unter den Südamerika-Interessierten übernahm bei einer anderen Umfrage mit 30% der Befragten Paraguay die Spitze, gefolgt von Brasilien (22%), »ein Land in Mittelamerika« (11,6%), Venezuela (9,8%), Argentinien (9%) und Chile (6,1%). Die Schlusslichter bildeten Peru (3,5%), Kolumbien (3,3%), Bolivien (3%) und Uruguay (1,7%).

Bei der Umfrage »Was reizt Sie an Kanada« standen ›die immense Weite des Landes und ein Leben ohne Stress‹ bei 60% der Befragten ganz oben auf der Wunschliste. Für nur 12% spielten ›die optimalen beruflichen Bedingungen‹ eine tragende Rolle.

Bei der gleichen Umfrage für Australien waren es immerhin schon 29% für die eine bessere berufliche Entfaltungsmöglichkeit eine Rolle spielte. Aber auch hier gaben 40% der Befragten als Auswanderungsgrund ›die Natur, die Städte und den hohen Freizeitwert‹ in Australien an. 12% wussten überhaupt nicht, warum sie das Land interessiert, aber dahin würden sie dennoch gerne auswandern...

Die Umfrage »Sind Sie mit Ihrer Heimat zufrieden?« beantworteten von 1500 Befragten nur 150 mit »Ja«, 700 mit »Nein«, 590 mit »Überhaupt nicht zufrieden!« und 60 Personen waren »Sehr zufrieden«. Auch das zeichnet ein klares Bild von Heimatverdrossenheit...

Dies allerdings waren nur repräsentativen Daten der Wünsche. Wer dann letztlich tatsächlich in welches Land auswandert und wer überhaupt seinen Traum realisiert, berücksichtigten diese Umfragen nicht. Interessant ist dabei die Tatsache, dass zwar knapp die Hälfte der Befragten glaubt, wir Deutsche seien im Ausland »nicht beliebt«, aber dennoch einen so einschneidenden Orts- und Lebenswechsel in Kauf nehmen würden.

Die drastische Zunahme von Auswanderungswilligen in Deutschland kann man ab 2002 als alarmierend bezeichnen, vor allem mit Blick auf einige andere europäische Länder, wo die Bereitschaft auszuwandern deutlich rückläufig ist. So wanderten aus Portugal 3,5% weniger Menschen aus als im Vorjahr. Luxemburg, Irland, Schweden, Dänemark, Griechenland, Spanien und andere europäische Staaten erfreuen sich hoher Zuwanderungsraten, in Deutschland jedoch wandern seit drei Jahren mehr Leute aus, als es Zuwanderer gibt.

So flossen denn auch im Jahr 2001 rund 60 Milliarden Euro Privatvermögen ins Ausland ab – aus Angst vor den immer unüberschaubareren Verhältnissen in der Heimat. Kapitalflucht als unangenehme Randerscheinung des neuen Auswanderungsbooms?

Gleichermaßen haben inzwischen qualifizierte Fachleute wie auch Ottonormalverbraucher erkannt, dass der, der etwas leisten kann und möchte, dahin geht, wo die Bedingungen günstig sind und wo sich der Einsatz lohnt. In den Augen der meisten Auswanderer scheint das nun in ihrer Heimat nicht mehr der Fall zu sein.

Wie Jürgen Lindner (33) aus Recklinghausen. Als gelernter Bankkaufmann mit einem hervorragend abgeschlossenen Jurastudium verkümmerte sein Talent in der Verwaltung des dortigen Kreiskrankenhauses. Doch irgendwann, so sagt er, wenn einem die Heimatverbundenheit keine Perspektiven mehr zu bieten hat, muss man auch nach vorne sehen können. Dann müsse man selbst das Altvertraute und seine Freunde hinter sich lassen, um dort einen Neuanfang zu wagen, wo die eigene Leistungskraft und berufliche Kompetenz noch sinnvoll eingebracht werden können.

»Mein Leben muss jetzt beginnen. Ich kann nicht noch fünf Jahre warten, bis sich hier vielleicht was tut...« Jürgen bewarb sich für die heiß begehrte US-Green Card und war dann einer von den 800 deutschen akzeptierten Fachkräften, die einen Zuschlag erhielten. Eingestuft als 'hochqualifiziert' war es dann auch nicht schwierig einen guten Job mit aussichtsreichen Aufstiegschancen zu finden.

»Ich bin kein Aussteiger und ich verfolge keinen Traum«, sagt Jürgen Lindner und deutet auf eine sperrige Seekiste in die er seit vier Tagen Bücher, Klamotten, Liebgewonnenes verstaut. »Ich will endlich einsteigen – aber hier bei uns geht das leider nicht...« Und genau so sehen es viele Auswanderer.

»Es war einfach so, dass ich in Deutschland trotz bester Qualifikation in einer Art Hilfsjob arbeiten musste, der absolut nicht meiner Ausbildung und schon gar nicht meinen Vorstellungen entsprach.« Stefan Heindl (Name geändert) aus München wanderte nach Kanada aus, wo er seit März 2003 wieder in einem weltweit bekannten Großunternehmen mit besten Aufstiegschancen als Chemiker arbeiten kann. In der Heimat hatte er sich ein Jahr lang in der Waschanlage für die U-Bahn über Wasser halten müssen – ohne Aussicht auf einen Job, der seiner Qualifikation entsprach. Nach 17 Bewerbungen, die er abgeschickt hatte, kam es nur zu einem Vorstellungsgespräch – für einen Bereich, wo er völlig unterbezahlt und zunächst nur für ein Jahr ›einen völlig unfähigen Praktikanten ablösen sollte‹.

»Das war der Punkt, an dem ich anfing, über andere Lösungen nachzudenken«, berichtet Stefan Heindl und setzt etwas wehmütig hinzu: »Meine Heimat verlassen zu müssen, um irgendwo in der Welt eine g'scheite Arbeit zu finden, das war eine der traurigsten Entscheidungen, die ich je in meinem Leben fällen musste. Das ist arg unter die Haut gegangen. Heut' bin ich zwar froh drüber, aber ich für meinen Teil kann nur sagen, dass ich mich von Vater Staat regelrecht um meine Zukunft betrogen fühle. Er hat mich aus Deutschland weggejagt – und auch von meinen Freunden und der Familie. So was vergisst man nicht...«

Wie Stefan denken viele, wenn nicht sogar die meisten Menschen, die sich dazu entschlossen haben, auszuwandern. Helga S. aus Berlin, 31, von Beruf Bauzeichnerin, hat sich in Neuseeland um einen guten Job beworben und ihn bekommen; Frank K. ebenfalls aus Berlin löste seinen Kleinbetrieb auf, um mit seinen beruflichen Erfahrungen nun als Angestellter einer Autolackiererei in Kanada neu anzufangen und Jutta V., 45, Mutter von zwei Kindern, verkaufte ihre Geschäftsanteile und Patente an die Partner ihrer Ex-Firma in Bonn, ›weil die Zukunft hier nur noch einen Überlebenskampf erkennen lässt, der mit harten Bandagen, aber wenig Aussicht auf einen gesicherten Lebensabend geführt werden muss.‹

»Man hat einfach nicht das Gefühl, dass in Deutschland in irgend einer Form honoriert wird, dass man sich abrackert, Risiken auf sich nimmt, hohe Abgaben hat und für seine Altersversorgung wie blöd einbezahlt. Irgendwann beginnt man dann nach einer Alternative zu suchen und die ist – nüchtern betrachtet – alles hinter sich zu lassen, um in einem Land zu leben, wo man mit dem, was man an Auskommen oder Erspartem hat, auch tatsächlich gut über die Runden kommt.«

Jutta V. entschied sich als alleinstehende Frau mit zwei schulpflichtigen Kindern für Paraguay, wo bereits seit 40 Jahren die Familie ihres ausgewanderten Onkels lebt. Viel Sonne, laxe Einwanderungsbedingungen, deutsche Schulen, günstige Lebenserhaltungskosten und die Freiheit, nahezu jeden Beruf ausüben zu können, waren die Entscheidungshilfen bei der Landesauswahl. Dass sie diesen Sprung nach vorne jedoch überhaupt wagte, lag aber ›an den Zuständen in Deutschland‹.

»Leider gehen auch die guten Leute, die Risikofreudigen und die mit den guten Ideen«, berichtet Gerlinde Lang vom Referat für Auswanderung des Diakonischen Werkes. »Der überwiegende Teil geht auf Grund guter beruflicher Qualifikation. Viele haben bereits gute Angebote aus dem Ausland, andere wollen sich selbständig machen.«

Klaus F. Zimmermann (Forschungsinstitut zur Zukunft der Arbeit, IZA) hält es für unausweichlich, die Abgabelast in Deutschland zu reduzieren, da »höher Qualifizierte im Ausland einfach mehr verdienen«, wobei Deutschland schon bei den Bruttolöhnen im höheren Lohnbereich nicht mehr konkurrenzfähig sei.

»Unter den zahlreichen Auswanderungs-Interessierten beobachten wir zunehmend eine neue Qualität«, bemerkt auch Martina Lüdeke vom Raphaelswerk (katholische Caritas) Essen/Dortmund. Unter den rund tausend Auswanderungswilligen, welche die Diplom-Pädagogin in den letzten 12 Monaten betreute, gab es zwar auch die gewohnte Reihe von Träumern und Aussteigern, doch die Zahl der hochqualifizierten Leute steige deutlich. »Diese neue Auswanderergeneration ist zwischen zwanzig und Mitte dreißig und sie verfügt über ein abgeschlossenes Studium und hervorragende Referenzen. Diese Menschen haben inzwischen den Glauben an ihre Heimat verloren und suchen nun in anderen Ländern ein neues, beruflich aussichtsreicheres Umfeld.«

»Viele potenzielle Auswanderer scheitern allerdings mit ihren Wünschen an der Realität«, analysiert Eugenia Gilge von der DRK-Beratungsstelle für Auswanderer in Potsdam die neue Welle von Deutschlandmüden. »Die Hürden in einigen beliebten Auswanderungsländern sind enorm hoch und dort haben nur Einwanderer eine Chance, die auf eine hervorragende berufliche Qualifikation verweisen können. Da muss ich dann immer wieder vielen Leuten ihre Träume auszureden versuchen....«

»Fachleute in den boomenden Bereichen sind überall rar und entsprechend verlockend sind die Angebote die man ihnen im Ausland macht«, seufzt Erwin Huber, Chef der Bayerischen Staatskanzlei. In Silicon Valley war er vorstellig geworden, um bei den ausgewanderten Computergenies für den Standort Bayern zu werben. Sein Ruf blieb dort jedoch unerhört und er reiste mit leeren Händen und der bitteren Erkenntnis nach Hause, dass man Verlorengegangenes nur selten wieder findet.

In den favorisierten Einwanderungsländern Australien oder USA haben nur hochqualifizierte Fachkräfte eine halbwegs reelle Chance, aufgenommen zu werden – und selbst hier wird dann noch bis zur Unerträglichkeit gesiebt. In den USA werden beispielsweise von den alljährlich rund 14 Millionen (!) Bewerbern, nur ca. 55.000 Einwanderern (überwiegend Fachkräfte) die Pforten geöffnet. Dieses Kontingent wird zusätzlich nach Ländern verteilt. Im Jahr 2000/2003 waren z.B. jährlich nur 800 bis 1100 Green Cards für Deutsche reserviert, 105 für Schweizer und nur 56 für Österreicher.

Australien, neben den USA das begehrteste Auswanderungsland der Erde, vergibt alljährlich etwa 85 000 Zuschläge, wovon auch hier die Hälfte an hochdotierte Fachkräfte geht. 38 000 sind für Familienzusammenführungen (für die hochdotierten Fachkräfte früherer Jahre) reserviert und nur rund 1.500 Einwanderungsbewilligungen (2002/03) wurden an Normalsterbliche aus dem Rest der Welt vergeben.

Auch Kanada hält ein stattliches Punktesystem für Einwanderer bereit, dem nur die wenigsten gerecht werden, und gehört somit ebenfalls zu den schwierigen Einwanderungsländern. Selbst Neuseeland stellt einige Anforderungen, verlangt ein stattliches Mindestkapital und beschränkt das maximale Alter von Einwanderern auf 45 Jahre. Es gehört damit – wie Brasilien, wo Normalsterbliche 200.000 Dollar investieren müssen – zu den ›mittelschweren‹ Einwanderungsländern. Ernüchternde Zahlen für die rund 1,5 Millionen Menschen, die alljährlich Deutschland, der Schweiz oder Österreich den Rücken zukehren möchten.

Was bleibt da unter dem Strich?

90% der Auswanderer müssen sich gezwungenermaßen für ein Land mit laxen Einwanderungsbedingungen entscheiden, oder für ein Land innerhalb der EU, wo man formal nur seinen Wohnsitz verlagert. Zu den beliebtesten außereuropäischen Ländern, in die man ohne Auflagen und mit relativ geringem Kapital einwandern kann, zählen unter anderem Paraguay und Bolivien in Südamerika, die Dominikanische Republik sowie einige Länder in Afrika und Asien.

Die Folge: Menschen mit zu schwachen finanziellen Rücklagen, aber auch Träumer, Möchtegern-Farmer, Kriegsängstliche, Steuerflüchtlinge und lichtscheue Elemente überfluten neben einigen Normalgebliebenen und netten Leuten (zu denen Sie hoffentlich gehören) all jene Länder, die einem das Einwandern praktisch auf dem Butterbrot servieren.

Mit diesem Gedanken, dass am zukünftigen Stammtisch in ihrem deutschen Restaurant des Wahllandes also nicht immer die ausgewanderte Elite zusammensitzt, werden viele Auswanderer leben müssen, wenn sie ihren Lebensmittelpunkt in ein ›einwanderungsfreundliches Land‹ verlegen. Gute Freunde, nette Gespräche, ein hohes intellektuelles Niveau, ausgefeilte kulturelle Angebote und ähnliches sind recht rar, wenn nicht sogar als Glücksfall zu betrachten.

In der neuen Heimat (dieser Länder) zählen andere Werte. Dazu gehören eine meist beeindruckende Natur, Sonne, Stille, niedrige Lebenserhaltungskosten, Niedrigsteuern oder Steuerfreiheit, das Zupacken auf der eigenen Farm, herrliche Sonnenuntergänge, einsame Strände, schroffe Küstenregionen – all das, was jene ›Traumländer‹ an Vorzügen zu bieten haben. Aber dazu gehört auch der Alltag, der jeden Auswanderer einholen wird – anders zwar, als zuvor in Deutschland, Österreich oder in der Schweiz, aber irgendwann kommt auch er. Und spätestens dann dämmert es vielen Ausgewanderten, dass nicht alles Gold ist, was da einst so unbeschwert in Prospekten oder auf den Webseiten im Internet zu glänzen schien – der Alltag, dem man einst so frustriert entflohen war, hat einen wieder...

Paradiese mit kleinen Macken

Natürlich gibt es jede Menge Auswanderer, die es in der Fremde geschafft haben; glückliche Leute, die nie mehr zurück möchten, Familien, die es nie bereut haben, ihrer alten Heimat den Rücken zugewandt zu haben. Doch es gibt eben auch die Schattenseiten, welche das Glück trüben können. Negative Erfahrungen lassen sich aber durchaus vermeiden, wenn man die Haken, Ösen und Fallstricke kennt, die ein Auswandern mit sich bringen kann. Lesen Sie daher bitte aufmerksam auch die hier im Buch aufgeführten zahlreichen Fallbeispiele und Erfahrungsberichte all jener Menschen, bei denen das Auswandern nicht so verlief, wie sie es sich erhofft hatten. Gleiche oder ähnliche Fehler sollten Ihnen dann nach der Lektüre des vorliegenden Buchs eigentlich nicht mehr unterlaufen...

Die Probleme, so erfahren irgendwann die meisten Einwanderer, kommen nach einiger Zeit unausweichlich. Dann nämlich, wenn sich das Eingemachte viel zu schnell auf Null zu reduzieren beginnt, wenn die Spargroschen versiegen und man gezwungen ist, nun irgendwie im Land seiner Träume Geld zu verdienen.

Spätestens dann dämmert es vielen Auswanderern, dass die Einheimischen (obwohl man selbst ja viel pfiffiger ist) absoluten Heimvorteil genießen. Sprachliche Barrieren, fremde Gesetze, völlig andere Lebensvorstellungen und eine zuweilen für Europäer oft unbegreifliche Mentalität behindern dann die verzweifelte Suche nach erfolgreichen Überlebenskonzepten.

Wie problematisch die berufliche Entfaltung in einem fremden Land sein kann, wird ja schon in unserer Stammheimat deutlich, wo wir – die Einheimischen – gegenüber Ausländern auch die besseren Karten haben. Hier kennen wir uns aus, nutzen Tricks, Schliche, Gesetzeslücken oder unsere Erfahrungen. Ein kaum Deutsch sprechender Peruaner wird sich in Deutschland ebenso schwer tun, einen selbständigen Betrieb erfolgreich aufzubauen, wie ein nicht Spanisch sprechender Deutscher in Peru. So einfach ist das, und kaum ein Weg führt an dieser Tatsache vorbei!

Henning B. Höltei, Geschäftsführer der *Deutsch-Paraguayischen Handelskammer* in Paraguay, weiß ein Lied von gestrandeten Deutschen zu singen:

»Allein die Tatsache, dass deutsche Konzerne in den vergangenen 50 Jahren durchschnittlich weniger als 125.000 Euro pro Jahr investieren, zeigt mit welchem Argwohn größere Firmen Paraguay betrachten. Dies sollte eigentlich für Kleinbetriebe, mittelständische Unternehmen oder private Investoren Warnung genug sein, sich nicht allzu sehr in Paraguay zu engagieren. Dennoch flossen im gleichen Zeitraum von Kleinanlegern und Selbständigen etwa 500 bis 800 Millionen Mark ins Land. Die Folge: Jahr für Jahr kommt es zu menschlichen und finanziellen Tragödien.«

Auswandern – das ist den meisten Umsiedlern klar – ist ein immenser Schritt nach vorne. Dass dieser Schritt in der Regel aber auch einen Bruch mit der Vergangenheit darstellt, ein endgültiges Abschiednehmen von der altvertrauten Heimat, von Verwandten, Kollegen und Freunden, dämmert den Auswanderern erst nach einiger Zeit in der Fremde.

»Es sind so banale Dinge, wie die Tagesschau oder ›*Wetten das?*‹, oder das Bummeln durch die Fußgängerzone in deiner Heimatstadt, was dir plötzlich fehlt«, sinniert die 39jährige Claudia M., die seit acht Jahren mit ihrem amerikanischen Mann in Dallas, Texas, lebt. »Sicher, das Land hat durchaus seine Reize, aber das Fehlen der alten Freunde und Bekannten, der Abendschoppen in einer Straßenkneipe, der Christkindl-Markt in der Weihnachtszeit – das alles geht einem irgendwann ab. Und natürlich gute deutschsprachige Freunde. Die sind besonders rar...«

Die militärische Organisation an den Schulen in den Vereinigten Staaten prangert Timm Gersen, ein Austauschschüler aus der Pfalz, an:

»Hier wird man ständig von Polizei und Schulangestellten überwacht, gezwungen, mit seiner ID-Karte auf einer bestimmten Seite des Flures zu laufen und man muss eine durchsichtige Tasche tragen, da man ja sonst Waffen zur Schule mitbringen könnte! Ständig sagen die einem, was man zu tun hat! Wenn man mal vergessen hat, sein T-Shirt in die Hose zu stecken, wird man von einem der Angestellten angebrüllt und all das wird einfach so von allen hingenommen! – Es kommt ja von oben, und da kann man halt nichts machen und sich erst recht nicht beschweren! Die Amerikaner akzeptieren willenlos, was man ihnen sagt. Kritik wird nicht geduldet, denn sie ist nicht konstruktiv, sondern eher so was wie eine Art Meuterei in den Staaten!«

Patricia, eine Ex-Hamburgerin, sieht das ähnlich:

»Ich bin mittlerweile so weit, dass ich nicht mehr über Deutschland und seine Spießigkeit schimpfe. Es gibt auch hier ziemlich viel, was mich stört. So darf eine Frau beispielsweise nicht in die Umkleidekabine zu ihrem Mann, um ihn zu beraten, weil das anrüchig ist! Es ist auch verboten, in der Öffentlichkeit (z.B. im Park bei einem Picknick) Alkohol zu trinken und man muss immer braune Papiertüten um Flaschen haben. Eigentlich merkt man ständig in alltäglichen Situationen, dass die Erziehung, aber auch das kulturelle Leben in den Staaten, völlig anders sind als bei uns.

Es ist einfach, über Deutschland zu schimpfen, aber ich kann jedem nur raten, nicht zu glauben, dass ihn in anderen Ländern ein Schlaraffenland erwartet! Man muss sich ständig arrangieren, Abstriche machen und versuchen, über Mängel hinwegzusehen oder das Beste daraus zu machen. Das gelingt uns inzwischen schon einigermaßen, aber wir würden auch nie und nimmer behaupten, nicht mehr zurückgehen zu wollen... «

Heike Grunder, vor neun Jahren von der Pfalz nach Bolivien ausgewandert, sieht ihre Wahlheimat inzwischen ebenfalls mit anderen Augen: »Jedes Land, auch das, von dem man träumt, bekommt nach einer Weile des dort Lebens seine Schattenseiten. Ich träume inzwischen wieder von sauberen Fußgängerzonen in Deutschland, von unseren herbstlichen Wäldern, den toll asphaltierten Strassen, von der Sauberkeit und von einem geregelten Straßenverkehr. All das, was mich früher ankotzte, geht mir nun von Jahr zu Jahr immer mehr ab.

Auswandern will sehr gut überlegt sein. Wir haben uns damals wirklich viel Zeit gelassen, nichts überstürzt und auch alles richtig gemacht. Aber Weihnachten immer und immer wieder im Badeanzug! Frühling, Herbst – die Jahreszeiten, auch der Winter zählt dazu – fehlen mir nun. Nein, ich würde nicht noch einmal auswandern. Aber wir werden hier wohl irgendwann einmal begraben werden...«

»Mir fehlt meine Sprache, die Intimität, Dinge gleich einzuschätzen...« Angela Wolff, die als Lehrerin in den Vereinigten Staaten arbeitet, leidet seit drei Jahren an Heimweh: »Allein die Tatsache, dass wir in Deutschland viel weniger Tabus setzen als die Menschen in den Staaten, macht es schwer, sich hier anzupassen.. Es ist tabu, über Politik zu reden, es ist tabu, über Gefühle und Verletzlichkeiten zu reden, und überhaupt ist es gar nicht gut, zu viele Gefühle zu haben. Meine Schüler darf ich um Himmels willen nicht anfassen – nicht mal ein freundschaftlicher Klaps ist gestattet...«

Jutta Morgan, Dallas: »Wenn man erst einmal begriffen hat, dass wir Ausländer auch in den Einwanderungsdokumenten und Reglements der USA offiziell als ›Aliens‹ bezeichnet werden, wird einem rasch klar, dass man sich hier eine Weile lang wie eine Test-Küchenschabe unter dem Mikroskop bewegt. Die Behörden sind Fremden gegenüber sehr argwöhnisch und die Integration braucht viel Zeit und Geduld.«

So können sich also auch in den heißbegehrten Einwanderungsländern bereits nach einiger Zeit des Eingewöhnens die Träume von einem neuen, lebenswerteren Leben rasch trüben. Dabei ist die ›Mängelliste‹ von Land zu Land völlig unterschiedlich.

Nadine Hoffmann, seit Jahren mit einem Australier verheiratet, hat die Bitternis der australischen Praxis bereits kennenlernen dürfen:

»Ein Visum zu bekommen, kostet sehr viel Kraft und sehr, sehr viel Geld, denn mit den Kosten für das Visum allein ist es noch lange nicht getan. Der Umzug ist teuer, die erste Zeit, in der man in der Regel ohne Arbeit ist, muss bestritten werden und vor allem hat die ganze Einwanderei auch sonst noch Nachteile: Die Qualifikationen werden einem nicht in dem Maße anerkannt, wie in Deutschland usw.

Ich lebe nun schon drei Jahre in Australien und darf wohl inzwischen behaupten, dass das System hier nicht immer überzeugend ist. Bis mein Visum nach knapp einem Jahr endlich durch war, durfte ich weder arbeiten, noch das Land verlassen. Und mein Diplom wurde bis heute nicht anerkannt.«

In Kanada und Neuseeland hingegen kommen viele Eingewanderte nicht mit den dort vorherrschenden kühlen Temperaturen zurecht, wie Friedel Schwarz aus Calgary (Kanada):

»Im Winter herrschen hier Temperaturen bis zu minus 35 Grad Celsius! Für mich ist das der blanke Horror! Zum Glück haben wir in Calgary öfters mal den *Chinook* (föhnähnlicher warmer Wind aus den

Rocky Mountains), der die Temperaturen auch mal wieder auf erträglichere Grade bringt. Ohne diese hätte ich aber keinen zweiten Winter hier mitgemacht!

Nicht nur die harten Winter, auch die Tatsache, dass ich in einer fremden Sprache zurechtkommen muss, lange Zeit nicht arbeiten durfte und mein Diplom nicht als Voraussetzung für eine anschließende Promovierung anerkannt wurde, ist frustrierend – in Kanada wird einem absolut nichts geschenkt!«

Mit dem neuen Klima haben viele Einwanderer Probleme. Klirrende oder feuchte Kälte, tropische Temperaturen, andauernde extrem hohe Luftfeuchtigkeit, plötzliche Klimaumstürze oder eine ständig herabknallende Sonne – was bei den Schnupperreisen noch als angenehm oder erträglich empfunden wurde, oder was viele Menschen gar nicht kennenlernten, weil sie in anderen Jahreszeiten das Land bereisten – im täglichen Leben verliert es seinen Glanz oder kehrt sich auch schon mal ins Gegenteil um.

Gabi Pohl, die seit zwei Jahren mit ihrem Mann in den Vereinigten Arabischen Emiraten lebt, empfindet nicht nur den Kulturschock und die Gepflogenheit, dass man in arabischen Ländern als Frau immer wieder zu Zugeständnissen bereit sein muss, als bedrückend. Auch ihr Sonnenhunger, den viele Auswanderungswilligen in sich tragen, wurde rasch gestillt:

»Das Land hier ist gleichzeitig so abstoßend wie anziehend, dass ich zunächst total überwältigt war. Mittlerweile habe ich mir meine Meinung gebildet und kann nur eines sagen: Ich habe nie geahnt, wie schön deutscher Regen sein kann! Oder ein richtiges Gewitter, das die Luft reinigt und die Erde dampfen lässt. Oder sogar der Schnee und die Kälte im Winter! Denn nur nach einem Winter kann man sich richtig über die warme Frühlingssonne und die ersten Frühlingsboten freuen.«

P. Gerber aus Paraguay: »Das Wetter kippt hier so rasch um, dass man nach einiger Zeit bereits bei Temperaturen von 20 Grad einen Pullover anziehen muss, weil es bis eine Stunde vorher tagelang 38 Grad hatte. Im Winter (Juni bis August) friert man wie ein Schneider, egal wo man hingeht. Post, Geschäfte, Restaurants, Freunde – kaum einer heizt, und da sitzt man dann bei draußen 8 Grad mit einem

Mantel in der Pizzeria rum und träumt von einem schönen, geheizten Restaurant in Deutschland.

Extrem sind hier auch die Stürme und Regenfälle, die in jedem Jahr zahlreiche Todesopfer fordern. So entwickeln sich bei den tropischen Regenfällen in der Hauptstadt einige ganz normale Straßen innerhalb von kürzester Zeit zu reißenden Flüssen, wo auch schon mal Autos mitgerissen werden und die Insassen dann elendig in einem unterirdischen Tunnel oder Bach des miesen Abwassersystems ertrinken.«

In anderen Ländern, wie Florida, Texas, den Philippinen usw., aber auch in den zahllosen beliebten Inselparadiesen, wie Hawaii, Samoa, Bermudas, der Dominikanischen Republik – um nur einige zu nennen – bedrohen Wirbelstürme, Taifune, Tornados und Hurrikane Besitz und Leben der dort ansässigen Bewohner. Im Jahr 2001 starben dort allein 25.000 Menschen, die durch entsprechende Versicherungen abgedeckt waren. Von den Ärmsten der Armen, die sich eine Versicherung nicht leisten können, spricht hier niemand. Und selbst im sonnigen Kansas wurden vor zwei Jahren die größten Hagelschäden aller Zeiten mit einem Sachschaden von ca. 2,5 Milliarden Dollar gemeldet!

So starben bereits in den ersten drei Monaten des Jahres 1998 in Peru 100 Menschen durch Unwetter, 25.000 wurden obdachlos. Im gleichen Zeitraum befürchtete man in Südafrika einen 50%igen Ernteausfall wegen der dort vorherrschenden Unwetter, und Ostafrika wurde von schwersten Überschwemmungen heimgesucht. Im US-Wüstenstaat Utah kam es zu verheerenden Schneefällen und in Kalifornien (Malibu) drang das Meer in die Häuser ein.

In der Dominikanischen Republik hatte der Sturm »Debby« im August 2001 die dominikanische Nordostküste gefährlich nah gestreift, verlor jedoch rasch an Kraft ohne größere Schäden zu hinterlassen. Trotzdem versetzte der Sturm viele Dominikaner in Angst und Schrecken; – zu frisch waren die Erinnerungen an »George« der im September 1998 an der südöstlichen Küste eine Schneise der Zerstörung und Verwüstung hinterlassen hatte. Diese Katastrophenliste aus den beliebten Auswanderungsländern könnte man schier endlos weiterführen...

Die Flucht vor dem mausgrauen Wetter der alten Heimat in ein Klimaparadies der eigenen Sehnsüchte – sie spielt bei zahllosen Auswandern keine unerhebliche Rolle – garantiert also nicht immer ungetrübte Sonnenfreuden und kann durchaus ins Auge gehen. Wie bei Tillmann Frantz, der in Deutschland sein gesamtes Hab und Gut verkauft hatte, um sich in einem sonnigen Teil Argentiniens den langgehegten Traum von der eigenen Rinderfarm zu erfüllen.

»Als ich das Land kaufte, hatten wir das tollste Wetter, das man sich denken kann. Drei Monate später kam dann nachts die böse Überraschung: nach heftigen Regenfällen schwoll der kleine Fluss, der durch mein Grundstück führte so an, dass innerhalb von Stunden alles unter Wasser stand: das Haus, die Koppeln und die Weiden, wirklich alles! Und weil es keinen auch noch so kleinen Hügel gab, wo sich die Rinder hätten hinretten können, sind mir 200 Kopf erbärmlich ersoffen! Es war ein einziges Drama und wir konnten absolut nichts machen, weil wir nicht darauf vorbereitet waren...«

Aber diese Geschichte gehört eigentlich zu einer ganz besonderen Art von Auswandererschicksalen. Zu jenen, wo langgehegte Marlboro-Träume oder -Albträume Wirklichkeit werden, und wo eidgenössische Optiker, deutsche Apotheker oder österreichische Geschäftsleute mit geschultertem Gewehr, auf dem Rücken eines Pferdes, ihre Blicke über das eigene weite Land streifen lassen.

Farmer-Schicksale, welchen in diesem Buch ein eigenes Kapitel gewidmet wurde...

Leben mit der Korruption

Es können also viele Faktoren sein, selbst die kleinen Dinge des Alltags, welche die Freude in der neuen Wahlheimat zuweilen trüben.

Besonders in den sogenannten ›Korruptionsländern', wo einem das Einwandern oft sehr leicht gemacht wird, kann es irgendwann zum bösen Erwachen kommen. Wer hier über ein gut gepolstertes Vermögen, finanzielle Rücklagen oder gesicherte Einkünfte verfügt, wird erfahrungsgemäß in derartigen Ländern zwar recht gut und unbeschadet leben können, aber berufliche Karrieren, Aufstiegschancen und sichere Jobs sollte man dort jedoch nicht fest einplanen. Einheimische Familienclans, hohe Militärs oder einflussreiche Geschäftsleute lassen sich in einigen dieser Länder nur ungern die Butter vom Brot nehmen. Alternativen bieten hier dann nur die tolerierten Betätigungsfelder, wo sich die Erfolge in der Regel ob der Mühsal und Arbeitsintensität in Grenzen halten. Und selbst da werden vielen Neustartern in einigen Ländern, wie z.B. in Thailand, China oder Kamerun, von handaufhaltenden Beamten mit sportlichem Ehrgeiz Knüppel zwischen die Beine geworfen.

Auf einer von Johann Graf Lambsdorff entwickelte Liste der korruptesten Länder dieser Welt (*Corruption Perception Index*, CPI – der Index basiert auf sechs internationalen Untersuchungen) führen folgende Staaten den Korruptionsreigen an:

1. Kongo, 2. Libanon, 3. Burma, 4. Irak, 5. Albanien, 6. Uganda, 7. Paraguay, 8. Panama, 9. Nigeria, 10. Bangladesch, 11. Ägypten, 12. Elfenbeinküste. Dass die Probleme, die Einwanderer in diesen Ländern einkalkulieren sollten, etwas anderer Natur sind als die Beschreibungen aus den vorangegangenen Beispielen ist offensichtlich.

Karin S. aus Kribi, Kamerun (Platz 16 auf der Liste): »Die Korruption ist ziemlich hoch hier. Selbst Bankangestellte halten die Hand auf, damit dein Konto vernünftig geführt wird! Korruption ist vermutlich das größte Problem, um in diesem Land normal arbeiten zu können.«

Wie rasch sich die kleinen mitgebrachten und meist sauer ersparten Vermögen der Auswanderer auf Null reduzieren können, mussten bereits zahlreiche Schweizer, Österreicher und Deutsche erleben, die im Land der mandeläugigen Thai-Schönheiten geschäftlichen Wohlstand anstrebten.

Bernd Still (Name geändert) aus dem eidgenössischen Bern ist einer von ihnen. Wozu andere zuweilen, ein oder zwei Jahre benötigen schaffte er in der Rekordzeit von nur fünf Monaten. Danach waren die mitgebrachten 90.000 Fränkli futsch und er ärmer als je zuvor in seinem Leben.

Bei ihm war es die bildhübsche 23jährige Kaen, die ihn dazu überredete, sein Geld in den Nightclub ihres Schwagers einzubringen. Ein lukratives Unternehmen, wie es schien, und vor allem ohne den kaum fortzudenkenden deutschsprachigen Vermittler, denn diese seien die schlimmsten, verriet man dem Schweizer im Verschwörerton. Um die eingewanderten Deutschen, Österreicher und Schweizer müsse man stets einen großen Bogen machen, und außerdem hätte man ohnehin die besseren Drähte zu den Behörden...

Zumindest die letzte Behauptung erwies sich später als absolut korrekt.

»Kaen war die heißeste Frau, die ich je im Bett hatte«, erinnert sich Bernd Still heute, aber es klingt nur noch wenig begeistert. »Schuld an der Scheiße war eigentlich nicht sie, sondern die blöden Gesetze hier, die einem Ausländer nicht gestatten, ein Geschäft auf den eigenen Namen anzuleiern. Du musst immer einen Thailänder vorschieben und wenn der nicht sauber ist, dann bist du deine Franken los!«

Bernd macht eine Pause und wir betrachten eine Weile ein paar Thais, die zwei Tische weiter eine Gemüsesuppe in sich hineinlöffeln. Es ist Mittagszeit und der Straßenlärm hier, nahe des Chinaviertels von Bangkok, ist nervenaufreibend. Bernd sieht mich mit säuerlichem Grinsen an, dann beginnt er mit dem Zeigefinger die kondensierten Eiswasserkringel auf der Wachstischdecke des Kiosk sternförmig zu verteilen.

»Diese Mistratte hat mich regelrecht erpresst!« sagt er schließlich. »Kaen war gar nicht seine Schwägerin, sondern sie schaffte für das miese Schwein an. Mein Geld war ich vermutlich schon drei Tage nach der Unterschrift, die mich zum Teilhaber machen sollte, los. Aber das kriegte ich natürlich nicht mit. Als nach drei Monaten immer noch nichts von dem angekündigten Umbau in Sicht war, knöpfte ich mir Kaen's Pseudoschwager vor und wollte wissen, was los ist. Aber plötzlich verstand der kein Englisch mehr. Naja, und da bin ich halt ausgerastet...«

Das äußerte sich darin, dass der Schwager, der gar keiner war, plötzlich eine gebrochene Nase hatte und Bernd sich eine Stunde später in einer Zelle wiederfand, deren Beschaffenheit ihm bei der Erinnerung noch heute eine Gänsehaut auf die Arme treibt. Das Spiel war gelaufen, der klägliche Rest seines Geldes ging für Anwälte und Schmiergelder drauf und als er nach Wochen harten Ringens endlich wieder aus dem Knast kam, floh er so rasch es eben ging nach Bangkok, wo er inzwischen – ab und zu, wenn er gebraucht wird – als Aushilfskellner arbeitet.

Kaen, die Traumfrau, mit der er drei Monate lang Bett, Geld und Zimmerschlüssel teilte, sah er nie wieder. Geld und Frau weg – kein außergewöhnliches Drama unter alleinstehenden Auswanderern, die immer wieder überall in der Welt Herz und Geld allzu vertrauensselig an eine Landesschönheit verlieren.

Über Auswandererschicksale und enttäuschte Romanzen aus Thailand könnte man vermutlich ein besonders dickes Buch schreiben. Ich hatte das Glück, mit Shai, einem seit 15 Jahren in Deutschland lebenden Thailänder das Land zu durchforsten. Er weihte mich in einige Grundsätze ein, die zumindest für ihn als Thailänder Gültigkeit haben:

»Bis auf ganz, ganz wenige Ausnahmen sind alle Mädchen, die sich mit einem Europäer einlassen, Prostituierte. Die wenigen anderen sind in der Regel so bettelarm, dass ihnen alles egal ist. Eine Thailänderin aus gutem Haus wird aber nur sehr selten einen Europäer heiraten. Ihre Eltern würden das nie zulassen. Nicht nur, wegen ihres buddhistischen Glaubens, sondern auch, weil die meisten Deutschen, Schweizer und Österreicher hier nicht gerade den besten Ruf genießen. Die Touristen brechen alle Tabus, küssen die Mädchen auf offener Strasse, streichen Klosterschülern über den rasierten Kopf und benehmen sich wie die Axt im Wald. Wenn also ein Europäer eine Thailänderin aus einem guten Haus mit Erlaubnis ihrer Eltern heiratet, dann darf dieser mit Recht von sich behaupten, so etwas wie ein Auserwählter zu sein.«

Generell gilt für Europäer, die Thailand als ihr neues Domizilland wählen, dass auch hier eher Spezialisten gefragt sind, und jeder, der eine gesicherte Existenzgrundlage anstrebt, diese am besten mitbringt. Selbst wenn man als ›Spezialist‹ in einer Thai- oder Farang-Firma eine Anstellung findet, wird das Gehalt gerade ausreichen, um den Lebensunterhalt zu bestreiten.

Wer hingegen selbständig ein Geschäft aufmachen will, benötigt ausreichendes Kapital und einen thailändischen Partner dem er vertrauen kann. Da man dieses notwendige Gottvertrauen aber erst nach Jahren des persönlichen Kennens investieren sollte, werden derartige Geschäftsgründungen in der Regel auf den Namen der meist viel zu rasch geehelichten thailändischen Frau durchgeführt. In der Konsequenz bedeutet das: läuft einem die Frau weg, dann sind auch Geschäft und investiertes Geld zum Teufel – ein hohes Risiko, dem sich aber alljährlich immer wieder viele Einwanderer aussetzen.

Der ewige Kampf gegen die Behörden, den viele schon in Deutschland als penetrant empfinden, kann besonders in der Fremde eines Exotenlandes zu einem nervenaufreibenden Kleinkrieg ausarten.

»Nepper, Schlepper und Bauernfänger gibt es überall in der Welt, in Lateinamerika besonders, aber in der Dominikanischen Republik ganz besonders viele!« berichtet Peter H. nach einigen Jahren ›DomRep-Erfahrung‹ verbittert. »Besonders schlimm ist die Tatsache, dass die Justiz hier die üblen Machenschaften durch Korruption so sehr begünstigt, dass nur ganz selten wirklich Recht gesprochen wird, sondern das Recht fast immer erkauft werden muss. Ständig gewinnen die ihren Prozess, welche die entscheidenden Figuren in den schwarzen Roben bezahlen. Ich habe aber ebenso oft miterlebt, wie unbequeme Leute mittels Zahlung in den Knast verfrachtet, oder Schuldige auch wieder aus dem Gefängnis herausgekauft wurden.«

Peter H., der einst ein grau-trübes Frankfurt gegen den blauen Karibikhimmel eintauschte, will nun wieder abwandern. Aber das braucht seine Zeit, da das Geld dazu nicht ausreicht. »Ich kann hier erst weg, wenn ich mein Haus los werde und wenn man mich nicht vorher ›mal eben beseitigt', denn auch das kann man natürlich hier kaufen...«

Lutz Weber lebte 5 Jahre lang in der Dominikanischen Republik und kann das nur bestätigen: »Ohne Schmiergeld läuft da praktisch gar nichts. Jeder hält praktisch die Hände auf. Das beginnt auf den Behörden wenn Du Deine Aufenthaltspapiere beantragst, bis hin zum Telefonanschluss den du manchmal auch trotz Schmiergeld nicht kriegst. Die Korruption und die Kriminalität dort sind der absolute Hammer – also, was dort abgeht, das sollte sich kein Europäer freiwillig antun!«

Auch dic Kriminalität steigt bedrohlich im einstigen Inselparadies an. So wurde im April 2003 ein deutsches Ehepaar aus Plauen kaltblütig von einem anderen Deutschen erschlagen, weil dieser den vertrauensseligen Leuten die 300.000 geliehenen US-Dollar nicht mehr zurückbezahlen wollte. Gerade mal eine Woche vorher hatte man die Leiche eines anderen Deutschen aus dem oberbayerischen Langenmosen entdeckt. Kein Wunder also, wenn die Dominikanische Republik nun wieder von zahlreichen einst zugewanderten Deutschen verlassen wird. Steigende Kriminalität u n d korrupte Behörden können die Freude in der Fremde rasch trüben...

Ein Sprung über den Atlantik ins ostafrikanische Kenia beschert ähnliche Erfahrungen. Herbert Graueder lebt hier seit zwei Jahren und all das, was ihn einst während zwei Urlaubsreisen so fasziniert hatte, beginnt nun immer mehr abzubröckeln:

»Besonders schlimm ist die oberkorrupte Polizei in Kenia! Wer die Gesetze des Landes nicht von vorne bis hinten kennt (und wer kennt die schon?) und wer nicht genug Geld zur Bestechung hat oder keine guten Beziehungen, für den kann das Leben im Tropenparadies zum Albtraum werden. Die Polizei kann beispielsweise ohne weiteres deinen Pass beschlagnahmen, womit das Verlassen des Landes unmöglich wird – und dann gute Nacht! Also ich kann nur raten: Wann immer es geht, weit von der Polizei weg bleiben!

Was das Leben ebenfalls noch trübt, das sind hier die Betrüger, die Dir Dein Geld aus der Tasche zu ziehen versuchen, der überall rumliegende Müll, die Schlaglöcher auf den Straßen und die Baracken, in denen die meisten Einheimischen hausen.«

Da bieten andere Länder, wie beispielsweise Paraguay, dann doch entschieden günstigere Ausgangspositionen. Eingewanderte mit Daueraufenthaltsgenehmigung (ein paraguayischer Pass muss nicht beantragt werden) haben im Land der Gauchos und Kolibris praktisch die gleichen Rechte und Pflichten wie die Einheimischen selbst. Sie können ohne einheimische Partner Firmen gründen und praktisch jeder beruflichen Tätigkeit nachgehen. Selbst Banken, Finanzierungsbüros, Aktiengesellschaften, usw. können mit dem entsprechenden Kapitalnachweis gegründet werden.

Die Nachteile dabei liegen ebenso auf der Hand wie die Vorteile: Schummelbanken, betrügerische Bausparkassen und Kreditbüros horteten in den vergangenen 10 Jahren Hunderte von Millionen Dollar und wenn der Kuchen groß genug war, verschwand das Geld in dunklen Kanälen und die Pforten der Bank oder Firma wurden einfach dicht gemacht. Das exerzierten selbst die größten Banken im Lande vor, wo nicht nur Misswirtschaft getrieben, sondern auch gnadenlos die Spar- und Girokonten der Kunden geräumt wurden. Vertrauen haben seitdem Einheimische wie Einwanderer nur noch in ausländische

Bankinstitute, von denen man erwartet, dass sie die Konten korrekt führen – so, wie man es von der alten Heimat her kennt.

Außer der Korruption, den Bankskandalen und einer rachitischen Göttin Justitia wartet das Land noch mit vielen anderen Überraschungen auf, die bei den Eingewanderten oft auf Unverständnis stoßen. Erwähnt sei hier nur das einklagbare Konkubinen-Geld, auf das eine paraguayische (auch dort lebende ausländische, also auch deutsche) Lebensgefährtin bereits nach drei Jahren des Zusammenlebens Anspruch erheben kann. Oftmals geht das Gericht von einem Fast-Ehestatus aus und spricht der Ex-Dame des Herzens die Hälfte des Zugewinns zu, was den ein oder anderen eingewanderten Freizeit-Casanova schon an den Rand des Ruins brachte.

Aber es gibt im Land Ameisenbären auch andere ›Liebesgeschichten', die es an Tragik und Komik nicht fehlen lassen:

»Mit der Korruption und dem ewigen Schmiergeld bezahlen kann man ja noch leben«, weiß z.B. der Deutsche Frank Hauser (Name geändert) zu berichten, nachdem er sich mit einer Summe von 40.000 Dollar bei einem Richter aus der Auslieferungshaft gekauft hatte. »Dass einen dann aber auch noch die eigenen Anwälte bis aufs Hemd ausziehen, das trifft einen menschlich...«

Frank Hauser sollte vor einigen Jahren an sein Heimatland ausgeliefert werden, wurde festgenommen und verbrachte vier Monate im berühmt-berüchtigten Horrorknast von *Tacumbú* – einem Ort, dem eigentlich ein eigenes Kapitel gebühren würde. Als er schließlich freigelassen wurde, war er ein armer Mann. Er hatte sich geweigert, die viel zu hohen Anwaltsforderungen zu zahlen und bekam – während er sich täglich im Gefängnis seiner Haut erwehren musste – ohne von amtlicher Seite unterrichtet zu werden, ein Embargo (eine Art amtlicher ›Kuckuck‹) auf sein Haus, das inzwischen seinem Anwalt gehört.

Das traurige Ende seines Traums: auch hier sorgte eine glutäugige Exotin ein halbes Jahr später dafür, dass sein letztes Geld, nebst Gartenschlauch, Sitzmöbeln und Bett für immer aus seiner angemieteten, bescheidenen 2-Zimmer-Hütte verschwanden.

»Ich lernte sie im Puff von *San Lorenzo* kennen«, sagt er heute und etwas Wehmut klingt in seiner Stimme mit. »Sie sprach ein bisschen Deutsch und – Herrgott, konnte die einem einen blasen! Für neun Mark! Ich hab' sie gleich mitgenommen und wir hatten wirklich eine schöne Zeit. Und dann kam ich eines Tages heim, und die Bude war leer. Aber ich hab' ihr verziehen – es war ja auch nicht mehr viel, was sie mitnehmen konnte...«

Er deutet auf das eingerahmte Foto einer hübschen Paraguayerin, das neben seiner Pritsche auf einer Kiste neben dem Gasherd steht – die einzigen drei Möbelstücke in der lindgrün angepinselten Hütte, die er nun für umgerechnet 20 Euro im Monat gemietet hat.

»Wenn sie jetzt vor der Tür stünde...«, murmelt er, nach der halbleeren Flasche Zuckerrohrschnaps greifend, »...du kannst mir glauben, ich würde sie sofort wieder aufnehmen...«

Ich glaube es ihm. Und als ich kurze Zeit später das Haus über die Terrasse verlasse, dringt mir der süßlichschwere Duft von blühenden Jasminsträuchern in die Nase.

Paraguay – der Garten der Welt! Auch hier würden die Schicksale von Gestrandeten ganze Buchbände füllen...

Stammtische und Biergärten

»Wenn man längere Zeit im Ausland lebt, stellt man fest, dass man genau das tut, was man den Ausländern in Deutschland so oft zum Vorwurf macht: Man rottet sich zusammen.«

Monika Weingarten wanderte vor sechs Jahren von Niedersachsen nach England aus und könnte sich ein Leben ohne deutsche Bekannte nicht vorstellen. »Auch wenn man hie und da bei der Auswahl seiner Bekannten Abstriche machen muss, ist man doch gerne mit deutschen Freunden zusammen, weil man sich eigentlich nicht voll anpassen möchte. Im Gegenteil, man weiß die deutschen Traditionen vielleicht mehr zu schätzen, als man das je zu Hause in Deutschland getan hat.«

Die Liebe zum ›Mutterlaut‹ in der Fremde beschränkt sich dabei allerdings in den seltensten Fällen auf deutsche TV-Sender wie Deutsche Welle TV (weltweit) oder *german-tv* (USA), sondern der persönliche Kontakt zu anderen deutschsprachigen Auswanderern bis hin zur Teilnahme an einem regen Vereinsleben wird insbesondere in den ersten Jahren gesucht. Das Kennenlernen selbst erfolgt in der Anfangsphase meist über Stammtische, kleine Klubs oder durch den häufigen Besuch deutscher Kneipen, Biergärten, Videotheken o.ä.

Dies hat in der Regel eine Cliquenbildung zur Folge, wo dann zuweilen auch die Gerüchteküche in einer Form brodelt, dass sie auch schon mal in Kleinkriege ausarten kann. Einig sind sich meist nur kleinere Stammtischgruppen oder Freundeskreise untereinander, und in denen wird dann auch nur allzu gerne kräftig über die Mitglieder anderer Sippen hergezogen.

»Was in der Dominikanischen Republik so an Deutschen rumläuft, kann man als normaler Mensch kaum noch verkraften«, erinnert sich Lutz Weber an seinen 5jährigen Aufenthalt im Inselparadies. »Am Strand, beim Einkaufen in den Bars und Biergärten – überall stößt man auf kaputte Existenzen. Ich denke, dass ich nicht übertreibe, wenn ich schon an einigen Stammtischen 500 Jahre Zuchthaus vereint im Kreis sitzen sah. Und überall werden immer wieder die gleichen Themen von diesen kaputten Typen durchgekaut oder es wird über andere hergezogen, welche die DomRep bisher unbeschadet überstanden haben, ›die aber auch noch lernen würden, wo es hier lang geht... ‹.

Also, ich habe mit meiner Familie schon in verschiedenen anderen Ländern gelebt, jedes mal mindestens ein paar Jahre, aber soviel Neid, Missgunst und kaputte Typen wie in der Dominikanischen, hab' ich noch nie erlebt!«

Ähnliches sagt auch Rudolf Mehringer (66), den das Schicksal in den Westen Argentiniens verschlug, wo er seit rund 5 Jahren mit einer 41 Jahre jüngeren Einheimischen in einer bescheidenen Hütte lebt. Sein Weg führte ihn von der Mosel nach Bolivien, dann nach Paraguay und schließlich bis nach Argentinien.

»Was in Bolivien und Paraguay über andere Deutsche hergezogen wird, kann man kaum beschreiben. Und aus jedem dritten Satz hörst du den Neid und die hausgemachten Spekulationen raus. Alles nur Vermutungen und Verleumdungen so in der Art ›der Typ ist auch nicht ganz sauber! Wahrscheinlich hat der drüben schon massenhaft die Leute auf's Kreuz gelegt. Guck' dir nur die Klunkern von seiner Alten an, dann weißt du alles...‹ – So in der Art läuft das anfangs ab. Später wird's dann immer deftiger!«

Rudolf Mehringer tätschelt liebevoll die Schultern seiner 25jährigen Frau, dann deutet er zu der armseligen Hütte in der die beiden wohnen. Zwei Zimmer mit Klo und ein kleines Vordach aus Eternit über dem Eingang. Glasfenster gibt es nicht, nur zwei roh gezimmerte Klappläden, die er abends von innen verriegelt.

»Hier gibt es so was nicht, weil ich der einzige Deutsche weit und breit bin. Du siehst ja selbst, dass unser Haus nicht gerade vom Feinsten ist, aber es reicht. Und wenn ich mal die Augen für immer zumache, ist Rosà versorgt. Mein verstorbener Bruder hat mir 10.000 Euro vermacht. Damit bauen wir jetzt ein schöneres Haus, das später ihr gehört....«

Er erzählt mir die Geschichte, wie er Rosa kennenlernte, und wie er seine Spargroschen bei einem Bankencrash in Paraguay verlor und warum er schließlich mit Rosa hier, auf dem Grundstück ihrer Eltern landete. Kein Weg, der mit Gold gepflastert war, aber Rudolf Mehringer ist trotzdem zufrieden: »Ich hab' eine junge brave Frau, wir kommen trotz der ewigen Geldabwertungen in Argentinien halbwegs rum, keine Sorgen, kein blödes Gerede, kein deutsches Beamtentum und viele nette Freunde und Bekannte – mehr kann man von einem Leben in meinem Alter doch nicht erwarten, oder...?«

Bescheidenes Glück, aber auch Wohlstand, finden viele Auswanderer in der Fremde. Vor allem die, welche nur für befristete Zeit im Ausland leben oder ihr Gehalt von einer deutschen Firma oder Institution beziehen.

»Diese Leute sind aber meistens unter sich«, weiß der Wirt einer deutschen Bar in Venezuela zu erzählen. »Die Leute von Siemens oder der GTZ, deutsche Lehrer, Botschaftspersonal usw. werden deshalb auch fast nie in die Mangel genommen. Aber alle anderen Neuen, vor allem Deutsche, die sich selbständig machen wollen, sind ein gefundenes Fressen für die, die hier vor die Hunde gegangen sind.«

»Es gibt einfach zu viele Neider hier«, sieht auch August Krause, der Koch aus dem ehemaligen *Prinz von Bayern* aus Asunción, Paraguay, das Problem. »Die meisten sind, wie ich selber, ziemlich abgebrannt. Dann gönnen sie denen, die hier über die Runden kommen, ihr bisschen Erfolg nicht und schon wird über sie hergezogen. Am Stammtisch kriegt man ja alles mit. Und oft genug ist es passiert, dass einer, der den ganzen Abend mit von der Partie war und dann als erster heimging, am Ende auch noch durch die Mangel gedreht wurde. So was macht man einfach nicht...!«

August Krause, der ehemalige Metzger aus Kaiserslautern, wo er ›immer mit Cowboy-Klamotten rumzog‹, würde gerne ein Buch schreiben. Über sein Leben, und speziell über Paraguay. Aber er ist so was wie ein Legastheniker, kann lesen, aber nicht schreiben, und er müsste irgend einem sein bewegtes Leben diktieren. Im Gegensatz zu vielen Deutschen, die ihn wegen seiner Schreibschwäche belächeln, spricht er aber perfekt Englisch, Französisch, Spanisch und die Einheimischensprache *Guaranie* – nur mit dem Schreiben hapert's halt.

»Wenn du ein Problem hast und kannst dich mit den Leuten hier in ihrer Sprache gut verständigen, ist alles halb so schlimm«, meint er. »Das fängt beim Bumsen mit den Küchenweibern an und hört im Knast auf. – Und man darf nichts haben, was man dir wegnehmen kann. Dann kommst du prima klar in Paraguay!«

Er kippt sich den achten oder neunten Whisky hinein, dann beugt er sich vor, greift nach meinem Handgelenk und grinst mich zahnlos an. »Aber wenn du mir jetzt dreitausend Mark auf den Tisch legst, dann flieg' ich trotzdem mit dir rüber! Was denkst du, was das ein Gesaufe wird, wenn ich nach fuffzehn Jahr' widder nach ›Lautere‹ kumm. Herrgott, jeh – da wird drei Daach lang nur gesuff...!«

Und weil das so schön ist, schüttet er noch mal das Glas voll. Jeder normale Mensch würde jetzt schon tot auf dem Boden liegen, aber seine Augen sind hellwach, als er sagt: »Scheiß druff! Ich komm' hier eh nimmer fott!«

Anmerkung: August Krause lebt inzwischen nicht mehr. Er hat sich in der Nacht zum ersten Weihnachtstag mit einem Bolzenschuss-Apparat für Schweine selbst erschossen...

Der Traum von der eigenen Farm

Weites Land, Büffelgras wiegt sich im Wind, eine Viehherde prescht unter den Pfiffen der Gauchos durch das Bachufer. Staubwolken wirbeln auf, Wasser spritzt in die Höhe, es riecht nach Schweiß, Leder, dampfenden Pferdeleibern und nach verbranntem Haar, wenn die glühenden Brenneisen den Tieren das Zeichen der Farm in die Haut stanzen. Dann kommt der Abend...

Die letzten Papageienschwärme ziehen kreischend über das Camp, eine blutrote Sonne versinkt hinter dem Horizont und die Männer sitzen am Lagerfeuer, wo Steaks, groß wie zwei Handteller auf dem Rost brutzeln. Über ihnen der nahe, klare Sternenhimmel. Einer der Männer spielt auf der Mundharmonika, die Pferde schnauben leise, aber sonst herrscht eine nie gekannte Stille in der unermesslichen Weite dieses Landes.

Südamerika, USA, Südafrika, Australien, Neuseeland – der Marlboro-Traum von der eigenen Farm...

»Setz den Deutschen auf ein Pferd, drück' ihm ein Brenneisen oder eine Pistole in die Hand und deine Farm ist schon halb verkauft«, sagt ein deutschsprachiger Farmanbieter, der bereits über dreißig deutschen Familien in Südafrika ihren Traum von der eigenen Farm erfüllt hat. »Dass sie beileibe nicht wie Cowboys aussehen, merken die in ihrer Euphorie gar nicht. Wenn sie später wieder zu Hause in ihrem Bett liegen, dann waren sie eine Zeit lang John Wayne, Henry Fonda oder Clint Eastwood. Und diesen Traum träumen sie so lange und intensiv, bis sie ihn sich erfüllt haben. Er ist Magie. Und tu ich's nicht, kaufen sie bei einem anderen Land – also was soll's...?«

Dann aber, wenn man plötzlich auf sich allein gestellt ist, wenn der nächste deutschsprachige Nachbar hundert Kilometer weit weg wohnt, wenn kein Makler mehr da ist, auf den man einst vom Aufwachen bis zum Schlafengehen zählen konnte; dann, wenn Behördengänge nun im Alleingang fällig werden, die Wasserpumpe im Tiefbrunnen oder die Vorderachse des Traktors verreckt, wenn man die kranke Tochter auf dem Pferd zum Doktor bringen muss, weil der Landrover bis zu den Felgen im Schlamm der verregneten zwanzig Kilometer langen Zufahrtspiste steckt – dann kommt das beinharte Erwachen der neuen Cowboys. Gnadenlos und meistens auch ziemlich endgültig.

Ein Zurück gibt es für viele Farmkäufer nicht – schon aus finanziellen Gründen. Der Landerwerb, Kauf von Rindern, Schweinen und anderem Viehzeug, die Umbauten, Zäune, Geländewagen – die meisten Farmkäufer können gar nicht so schnell gucken, wie ihre eisernen Reserven dahin schmelzen.

Viele, die sich irgendwo auf diesem Erdball mit dem Erwerb einer Farm ihren langgehegten Kindheitstraum erfüllen, haben noch dazu keinen Schimmer von Landwirtschaft, von Viehmast- oder Viehzuchtbetrieben. Deutsche Apotheker, österreichische Optiker, eidgenössische Ex-Autohändler – der Traum von der eigenen Farm wurzelt tief, und er wird gehegt und gepflegt, bis man ihn endlich dort, wo man glaubt, ihn sich finanziell erfüllen zu können, in die Wirklichkeit umsetzt: Ein gefährliches Spiel mit dem Feuer, wenn man von Landwirtschaft keine Ahnung hat!

Fremde Böden und vollkommen andere Feldfrüchte schaffen Probleme. Baumwolle kannte man früher nur von den kleinen eingenähten Schildchen mit den Pflegeanweisungen aus dem Pullover: »100% Baumwolle«, nun jedoch wird sie zum Broterwerb.

»Soja, Erdnüsse, Maniok, Mate-Tee, Zuckerrohr, Kolonial- und Büffelgras, da kennt sich keine Sau richtig aus!« Auch Hubert Solter, ein ehemaliger Lehrer aus Bern hatte den Traum aller Möchtegern-Farmer geträumt, ohne den geringsten Schimmer von Landwirtschaft zu haben. »Ich musste mich auf meinen Vorarbeiter verlassen, so 'ne Art Verwalter. Der Kerl hat mich über ein Jahr lang verarscht und bei allem mitkassiert. Dann hab' ich ihn gefeuert und kriegte kurze Zeit drauf 'ne Vorladung vom Arbeitsgericht, wo ich dann noch rund 2000 Dollar Strafe für die fristlose Kündigung aufgebrummt bekam. Danach hatte ich endgültig die Schnauze voll.«

Die Farm erwarb schließlich nach anderthalbjährigem mühevollen Annoncieren ein anderer Einwanderer, der den Traum von Hubert Solter nun zu Ende träumen darf.

In den zahlreichen deutschsprachigen Zeitungen der Auswanderungsländer werden allmonatlich haufenweise Farmprojekte in jeder Preisklasse von frustrierten Deutschsprachigen angeboten – alle natürlich als absolut solide Existenzgrundlage für Aussteiger, die ›umständehalber', ›aus Krankheits-', ›Altersgründen‹ oder ähnlichem verkauft werden.

Henning B. Höltei, Geschäftsführer der *»Deutsch-Paraguayischen Industrie- und Handelskammer«* mit Sitz in Asunción: »Die meisten Einwanderer, die sich in Paraguay engagieren, tun dies im landwirtschaftlichen Bereich. Offensichtlich herrscht besonders hier die Fehlvorstellung vor, dass ›Landwirtschaft jeder kann‹. Dem ist aber leider nicht so. Wer eine Farm betreiben will, muss auch rein technisch etwas von Landwirtschaft verstehen und in gewisser Weise auch wirtschaftlich organisiert sein. Denn man hat mit einer Konkurrenz zu kämpfen, die fast immer immense Heimvorteile hat.«

Diese Heimvorteile der Alteingesessenen sind landesspezifisch sehr unterschiedlich, doch sollte jedem deutschen Auswanderer klar sein, dass er kaum in der Lage sein wird, beispielsweise einem neuseeländischen Schafzüchter die Butter vom Brot zu nehmen; dass argentinische, brasilianische oder paraguayische Rinderfarmer nur ein müdes Lächeln für die eingewanderten Farmerfrischlinge aufbringen und auch die Texasfarmer eher belustigt das Abstrampeln von kapitalschwachen Ausländern beobachten.

Das kann auch Theodor Finke bestätigen, der im Auftrag der Kulturabteilung des Auswärtigen Amtes in den 80er Jahren das Leben deutscher Auswanderer in Brasilien und Paraguay unter die Lupe nahm. Die Zusammenfassung seiner Farmbesuche brachte er im Selbstverlag unter dem bezeichnenden Titel »*Leben und Arbeit deutschsprachiger Siedler in Südbrasilien und Paraguay*« heraus: Ein erschütterndes Dokument des Leids, der Armut und des Heimwehs!

Einige Stimmen aus seinem Buch:

»Auf unserem Weg zu der 37 Kilometer nördlich von *Raul Peña* gelegenen *Kolonie Naranjal* passieren wir nach 25 Kilometern zunächst die Kleinsiedlung *San Alfredo*. Auch hier die Spuren mühseligen Anbeginns. Bei brütender Mittagshitze befreien gerade einige Siedlerfamilien – Männer, Frauen und ältere Kinder – mit der Handhacke den zwischen den Baumstubben gepflanzten Maniok vom schnell wuchernden Unkraut...«

»Der 40jährige Alfred Ordig kaufte sich vor 11 Jahren im weiträumigen Siedlungsgebiet von *Katuete* 188 Hektar Urwaldland und fing es an zu roden. Auf dem Buckel schleppten er und sein Frau Maniok und Zuckerrohr kilometerweit nach *Katuete*. Fünf Jahre lang hausten sie in einer Bretterhütte. Des nachts schliefen sie nur bei Kerzenlicht um die giftigen Spinnen und zuweilen auch Schlangen besser auszumachen, die er dann tötete.

Erst allmählich stellte sich ein bescheidener wirtschaftlicher Erfolg ein. Dennoch zog er vor sechs Jahren ins Zentrum von *Katuete*. Wegen des durch die fugenklaffenden Wände der zwei Schlafräume und der großen mit einfachen Möbeln eingerichteten Wohnküche eindringenden roten Lehmstaubes, liegen die Teller im Haus nun bis zur Mahlzeit umgekehrt auf dem Tisch...«

Ostparaguay, *Casilla dos*: »Wir sitzen in der Wohnküche von Albert Roberts. Zimmertüren gibt es nicht, nur einfache Vorhänge. Die glaslosen Fenster sind mit Klappen versehen. Vor drei Jahren sei er mit einer Gruppe hier angekommen. ›Meine älteste Tochter hat diese Anstrengungen nicht durchgehalten; vor zwei Jahren haben wir sie hier im Urwald begraben. Das einzige Andenken, was wir von ihr haben, ist eine Gitarre, eine Tasche und ein Paar Turnschuhe‹, meint er resignierend. Albert Roberts wird wohl mit seiner Frau wieder zurückgehen. Die jüngere Tochter, Schwiegersohn und Enkelin wollen aber bleiben...«

So setzte sich das über ca. 290 Seiten fort, und wer heute diese Regionen besucht, wird feststellen müssen, dass in einigen Distrikten Paraguays die Zeit stehen geblieben zu sein scheint...

Nun mögen Neueinsteiger, die für sehr viel mehr Geld – oft für ihr letztes – größere oder fertige Farmbetriebe erwerben, um einige dieser Hürden herumkommen, aber die Tatsache bleibt bestehen, dass in der Regel aus mangelnder fachlicher Qualifikation, wegen zu schwacher finanzieller Rücklagen und wegen der Probleme mit Personal, Behörden, Landbesetzern oder – damit muss jeder landwirtschaftliche Betrieb rechnen – durch Missernten, Viehseuchen, Preisstürze u.ä., die oft überlebenswichtigen Gewinne weit unter den Erwartungen liegen oder gar völlig ausbleiben können.

In schwieriger Mission versuchen z.B. immer wieder Regierungsdelegationen im peruanischen Amazonas-Urwald von *Cajamarca*, zwischen aufgebrachten Ureinwohnern und illegalen Siedlern zu vermitteln, bzw. in Ost-Paraguay zwischen militanten Landbesetzern und Farmern. In Venezuela spitzten sich die Auseinandersetzungen um das im Jahr 2002 in Kraft getretene neue Landrecht immer heftiger zu. Nach einigen Anschlägen auf Befürworter der Reform erklärte die Regierung unter Staatspräsident Hugo Chavez die Region am Maracaibo-See zum Krisengebiet.

Pleiten, Pech und Pannen – jeder ist seines eigenen Glückes Schmied, jedes Farmerschicksal ist ein anderes individuelles Abenteuer. So fürchten z.B. viele Farmer im paraguayischen Osten nicht ohne Grund Landbesetzer und die Überfälle von völlig verrohten Gangsterhorden, die in der Vergangenheit auch nicht davor zurückschreckten, die Farmbesitzer wegen einiger Habseligkeiten zu massakrieren.

Beispiele: In der Nähe von *Concepción* wurde der deutsche Farmbesitzer Andreas B. mit 16 Gewehrschüssen und zahlreichen Macheten-hieben (Buschmesser) brutal auf seiner eigenen Farm ermordet. Das kleine sechsjährige Töchterchen überlebte nur, weil man sie nach einem Streifschuss am Kopf für tot gehalten hatte. Vier Rinderdiebe, so berichtete das unter Schock stehende Mädchen später, hätten ihren Vater ermordet und auch auf sie geschossen. Die Männer entkamen unerkannt...

Auf einer kleinen Selbstversorgungsfarm am Rande des kleinen Ortes *Patiño*, etwa dreißig Kilometer von Asunción entfernt, spielte sich ein ähnliches Drama ab:

Bewaffnete Männer überfielen eine eingewanderte Familie aus der Schweiz, wobei sie besonders verabscheuungswürdig vorgingen: Um dem Hausherrn abzupressen, wo er sein Geld versteckt hielt, band einer der Männer eine Schlinge an einen Deckenbalken. Dann holten sie den zwei Monate alten Säugling des Ehepaars aus der Kinderwiege, legten ihm die Schlinge um den Hals und drohten, das Baby fallenzulassen und zu erhängen, wenn man ihnen das Geldversteck nicht augenblicklich mitteilen würde.

Die Gangster entkamen mit viel Bargeld und Elektrogeräten im Fahrzeug der völlig geschockten Eltern...

Ein schreckliches Schicksal erwartete auch den deutschen Papageien-Züchter Rudi W. auf seiner kleinen Ranch, nördlich von Asunción. Ein von ihm fristlos gefeuerter Arbeiter hatte bei einem Nachbarn wieder Arbeit gefunden. Als Rudi W. davon Wind bekam, besuchte er seinen Nachbarn und klärte ihn darüber auf, dass der gefeuerte Paraguayer ihn ständig bestohlen hätte. Die Folge war, dass der Arbeiter nun auch hier seinen Hut nehmen musste und in seinem verletzten Stolz grausame Rache übte:

Er suchte Rudi W. auf dessen Farm auf, hackte ihn mit seinem Buschmesser in Stücke, zündete das Haus an und fuhr danach seelenruhig mit dem öffentlichen Bus nach Hause, wo er dann Tage später verhaftet wurde.

»Im Augenblick ist unser Land international als Räuberhöhle verschrien, als ein Nest von Betrügern und Beutelschneidern«, erklärte vor kurzem der Vorsitzende der paraguayischen Oppositionspartei PRF, Sánchez Villagra. »Als Land sind wir einfach nicht ernstzunehmen. Da muss sich bald eine Menge ändern...«

Die Experten der US-Rating-Firma *Standard & Poor's* hielten Paraguay (Juni 2001) für ein Hochrisikoland, in welchem Investitionen nur unter sehr hohem Risiko möglich wären. Eine bessere aktuelle Qualifikation sei zur Zeit wegen der politischen Unsicherheit und politischen Lähmung leider nicht an Paraguay zu vergeben, betonten die Experten Francis und Schineller.

Diese Auflistung klingt erschreckend und zeichnet vielleicht ein falsches Bild vom Farmerleben in Paraguay, welches 98% der Farmen wohl eher geruhsam erleben. Diese brutalen Überfälle sind natürlich Ausnahmen, die Schlagzeilen machten – aber es gibt sie eben, diese Ausnahmen.

Wie in Südafrika, wo es ebenfalls immer wieder zu Farmüberfällen mit Todesfolge kommt. 1999 verging im Traumland der Großfarmer nicht eine Woche, in der nicht eine weiße Farmerfamilie ausgelöscht wurde. In fünf Jahren waren es immerhin (bis 1999) rund 2 500 Farmen, die überfallen wurden; allein in den ersten Monaten des Jahres 1999 wurden im Januar 59, in Februar 73 und im März 96 Farmen überfallen und ausgeraubt! Zahlen, die selbst Paraguayer oder Peruaner erschrecken!

Auch in Zentralamerika und Brasilien steigert sich das Phänomen gewaltbereiter Jugendbanden zu einem immer ernster werdenden Problem. Beunruhigende Zahlen kommen auch aus den USA, wo alljährlich sage und schreibe in einer Woche mehr Menschen erschossen werden, als in ganz Westeuropa in einem kompletten Jahr. (M.A. Bellcsilcs, »Arming America«).

Wer denn also seiner deutschsprachigen Stammheimat den Rücken zukehren möchte, weil es ihm ›hier zu unsicher‹ wird, der sollte sich, um nicht vom Regen in die Traufe zu kommen, sehr genau über seine neue Wahlheimat informieren. Wo Licht ist, ist auch Schatten und so gilt es, rechtzeitig abzuwägen, ob man tatsächlich bereit ist, für sich und seine Familie auch die negativen Randerscheinungen in Kauf zu nehmen, die mit der Wahl einer neuen Heimat einhergehen könnten.

Die Annahme, dass im Ausland ›alles leichter und unkomplizierter‹ sei, ist ganz sicherlich ein Trugschluss und sollte daher erst gar nicht in der Pluspunkteliste, die man für ein Land erstellt, erscheinen. Tatsächlich gilt für die meisten Auswanderungsländer: wer seinen Job beherrscht, zuverlässig ist und bereit ist, hart zu arbeiten, der kann gewiss auch auf neuen Schlachtfeldern Ruhm ernten. Trägheit hingehen, Ideenlosigkeit und die bei einigen Auswanderern vorherrschende Fehlvorstellung, dass es im Ausland leichter sei ›mal was anderes zu probieren‹ endet fast immer mit einem Fiasko.

Mag das Einwandern selbst auch ohne Hürden ablaufen, sich ein neues, erfolgreich Leben aufzubauen, unterliegt fast immer den allgemeinen Business-Regeln, den jeweiligen wirtschaftlichen Bedingungen und Trends eines Landes sowie der Erfahrung und dem Knowhow, das der Eingewanderte selbst einzubringen imstande ist.

Und damit kommen wir zum erfreulichen Teil dieses Buches: zu den Vorteilen des Auswanderns – Vorteile, die Tausende von Auswanderern alljährlich ungetrübt genießen: – das neu entdeckte Glück und eine völlig andere Form des Lebens in der Fremde...

Mal wieder richtig durchatmen...

Glück und Lebensfreude sind sehr individuelle Empfindungen und werden daher von jedem Menschen anders eingestuft und interpretiert. Dennoch sind sich fast alle Ausgewanderten darüber einig, dass sie in der neuen Heimat eine andere, bessere Lebensqualität gefunden haben.

»Einen Schlussstrich zu ziehen und auszuwandern war die beste Entscheidung meines Lebens.« Es kommt im Brustton der Überzeugung und wenn man sich in der traumhaft schönen Bucht umsieht, wo sich die Oswalds aus Stuttgart ihr kleines Paradies im Süden der Vereinigten Staaten aufgebaut haben, könnte man fast ein bisschen neidisch werden. Zahlreiche Autos auf dem Hotelparkplatz, wo die deutsche Flagge wie rein zufällig etwas höher flattert, als die anderen Fahnen; ein gut besuchtes Restaurant, einige Boote an der Anlegestelle, drei kleine Einkaufsshops nahe der Tankstelle – und das alles in einer märchenhaften Uferkulisse eingebettet.

»Von heute auf morgen ging das natürlich nicht«, erinnert sich Peter Oswald. Wenn er Deutsch spricht hört es sich ziemlich amerikanisch an, und spricht er Englisch hört man das Schwäbische noch irgendwie raus. »Wir sind jetzt seit 11 Jahren in den Staaten und in den ersten beiden Jahren nach der Eröffnung des Hotels lief es nur schleppend an. Aber dann ging alles wie geschmiert. Unsere Gäste kommen teilweise von sehr weit, um hier ihr Weekend zu verbringen. Alles liebe, nette Leute, die auch eine Menge Geld hier lassen. Die Idee mit den Shops hatte meine Tochter – da kaufen die Leute bayerische Lederhosn, Dirndl, Kuckucksuhren, deutsche Marmelade, Lebkuchen, Weihnachtsschmuck oder Kitschbilder mit röhrenden Hirschen usw. Die sind hier ganz verrückt auf das Zeugs!«

Die Oswald's haben für ihren Erfolg hart gearbeitet. Die deutsch-amerikanische Mischung im Baustil und beim Gäste-Service kam gut an. Den Rest besorgte die Mund-zu-Mund-Propaganda, die auch in den USA mehr wert ist, als jede auch noch so teure Anzeigenwerbung.

»An den Wochenenden und in der Urlaubszeit müssen wir richtig ran«, sagt Peter Oswald. »Aber zwischendurch haben wir auch genug Zeit, um Ferien zu machen oder rumzureisen. Das Land hat ja soviel an Abwechslung zu bieten, dass man gar nicht weiß, wo man mit den Kurztrips anfangen soll.«

Nein, zurück nach Europa würden sie nie mehr wollen. Selbst jetzt, wo sie nur alle zwei, drei Jahre einen Deutschlandtrip machen, sei dort drüben alles so humorlos und einengend. Nein, es wäre die richtige Entscheidung gewesen, pflichtet auch Rosi Oswald, die Gattin bei. Die Kinder würden selbst nicht mehr Urlaub in Deutschland machen wollen, sagt sie. Und man würde ihnen da auch nicht reinreden...

Ähnlich sehen das auch die Mühltann's aus Paraguay, die vor 20 Jahren ›das Leben in Deutschland einfach satt hatten‹, das gemeinsame Haus verkauften, ihr Erspartes zusammenpackten und nach einem dreijährigen Aufenthalt in Bolivien nach Paraguay weiterzogen, wo sie auch heute noch, mit Gott und der Welt zufrieden, nahe der Landeshauptstadt Asunción leben.

»Inzwischen beziehen wir beide unsere Rente. Wie haben ein schönes Haus mit Swimmingpool, einen riesigen tropischen Garten und leben glücklich und zufrieden von unserer Rente. In Deutschland hätten wir uns mit dem, was wir bekommen, sehr einschränken müssen. Hier aber haben wir nette einheimische Nachbarn, ein Hausmädchen, viel Sonne, unsere Hunde und Papageien, ein stressarmes Leben ohne Probleme oder Anfeindungen, und wir können sogar alle Jahre für ein paar Wochen verreisen. Besser hätten wir es nicht treffen können!«

Hugo Olling aus Ecuador entschied sich nach zwei längeren Reisen für den südamerikanischen Staat: »Hohe Lebensqualität, das menschliche Umfeld, die gute Finanzierbarkeit eines Heims und neben dem ganzjährig warmen Wetter auch die vielen Perspektiven, selbst als kleiner Unternehmer rasch Fuß zu fassen, machten mir den Entschluss leicht. Ich lebe jetzt seit fünf Jahren in Ecuador und ich bereue keinen einzigen Tag!«

Christine Schmall aus Lima, Peru: »Ich lebe nun bereits seit sechs Jahren in Peru und habe mich dank meines peruanischen Lebenspartners sehr gut in meiner neuen Heimat eingelebt.

Dabei ist Peru sicher kein ›einfaches Einwanderungsland‹, denn Erdbeben, Regierungskrisen und politische Skandale sorgen sporadisch für Schlagzeilen, doch bislang bereute ich den Schritt, Deutschland zu verlassen, nicht. Sehr wichtig ist die Bereitschaft des Emigranten zur Integration. Viele Einwanderer scheitern eigentlich nur, weil sie sich nicht an die neuen Umstände und die andere Mentalität der Mitmenschen gewöhnen können oder wollen. Wer aber nicht bereit ist, die Gegebenheiten eines neuen Landes zu akzeptieren, der wird vermutlich auch nie zufrieden sein.«

Paul Gottschalk (51) kehrte 1999 Deutschland für immer den Rücken, um in Thailand ›ein geruhsameres Leben zu führen‹. Ob nun Thailand die letzte Station ist, weiß er noch nicht so genau, aber auch er genießt sein neues, selbst gewähltes Leben ausgiebig:

»Weil mein Englisch genau so mies war wie das der meisten Thais, kam ich ziemlich schnell gut zurecht. Inzwischen spreche ich recht ordentlich Thailändisch, was sich zu einem regelrechten Türöffner entpuppte. Ich lebe mit einer Thailänderin auf dem Land, surfe im Internet rum, lese viel. und gehe oft spazieren. Mal am Meer, mal im Busch, oder ich mache Ausflüge mit dem Rad oder besuche Freunde.

Gelegentlich treffen wir uns abends mit weiteren Ansässigen hier und zerreden die Nacht beim Bier. Mir gefällt dieses Leben, das ich im stressigen Deutschland nicht einmal annähernd so genießen könnte!«

Kerstin Wellner aus Berlin verließ vor vier Jahren Deutschland, weil ›Unflexibilität und festgefahrene Karriereaussichten‹ ihre Unzufriedenheit immer mehr wachsen ließen und sie sich schließlich dazu entschloss, in die Vereinigten Staaten auszuwandern.

»Ich bin stolz darauf, sagen zu können, dass ich in den USA wieder ganz von vorne angefangen habe und mich innerhalb der vier Jahre die ich nun hier lebe, soweit hochgearbeitet habe, dass ich jetzt das fünffache verdiene, meinen Hochschulabschluss nachmachen konnte und inzwischen Soziologie studiere.

Gewiss wird einem hier nichts geschenkt und das Leben ist nicht immer leicht, es sei denn man hat viel Geld, aber wo ist das nicht so? Inzwischen lebe ich ein halbwegs angenehmes Leben, ohne von einem Job zum nächsten rennen zu müssen, wie das viele Amerikaner tun, die ein oder zwei Nebenjobs haben, um z.B. die hohen Mietkosten bestreiten zu können. Und auf gar keinen Fall würde ich wieder nach Deutschland zurückgehen!«

Ähnlich sieht das auch der Sachbuchautor und Schriftsteller Ray O. Nolan ("Der Seher"), der seit 1991 fest mit Paraguay verwurzelt ist. Wie bei den meisten Auswanderern lockte auch ihn nicht die Faszination eines fremden Landes, sondern ›ein an seinen Regeln und Vorschriften erstickendes Deutschland‹ sowie die Erkenntnis, dass man ›die eigene Zukunft nicht mehr überschauen kann‹ waren es, die ihn zum Fortgehen bewegten.

»Ich bin ziemlich heimatverwurzelt, daher war Auswandern für mich ein riesiger Schritt ins Unbekannte. Seltsamer Weise erschien mir dieses Unbekannte trotz aller anfänglichen Bedenken nach einigem Hin und Her dann doch durchsichtiger, als meine eigenen Zukunftsperspektiven in Deutschland, welche für mich nicht mehr abschätzbar waren. Zumindest die eigene Zukunft sollte für jeden Menschen, der sich treu und brav abrackert, relativ überschaubar sein.«

Gegenwartsfrust produziert Zukunftsängste. Und so türmen sich vor immer mehr Menschen quälende Fragen auf, die ihnen in der Heimat niemand mehr befriedigend beantworten kann. Ist die Familie auch noch morgen abgesichert? Was ist, wenn ich meinen Job verliere oder meine Schaffenskraft einmal nachlassen sollte? Komme ich mit dem zurecht, was dann auf der hohen Kante liegt? Wer garantiert mir einen zufriedenen Lebensabend, für den ich Jahrzehnte lang den Großteil meines Einkommens hergeben musste?

Und da die Unsicherheit im eigenen Lande immer größer wird und auch immer mehr Menschen vorexerzieren, dass man sehr viel unbeschwerter auch in einem Land leben kann, wo sich das Geld sich nicht wie von alleine in Nichts auflöst, weil die Lebenserhaltungskosten und die Nebenausgaben dort nur einen Bruchteil von dem ausmachen, was man in der neuen Heimat benötigt.

Ray O. Nolan: »Ich bin also nach Südamerika ausgewandert. Der Sprung ins kalte Wasser, für den man noch vor drei Jahren mitleidig belächelt wurde, erwies sich für mich als Hechtsprung in ein quirliges, lebendiges Aquarium. – Ein Haus, ohne den Frust des Baugenehmigungsverfahrens und genau so, wie man es schon immer mal haben wollte, was aber nie wegen der vorgeschriebenen Dachneigungen, der nicht möglichen Rundbogenfenster, dem geforderten Schieferdach usw. in Aussicht stand, kostet hier ab 35.000 bis 75.000 Euro in Top-Qualität. Unsere Hausperle – sie kocht, wäscht, bügelt, streicht und pinselt, putzt und bringt die Hunde zum Tierarzt wenn es denn sein muss – kostet 100 Euro im Monat. Meine Tochter, sie ist jetzt 11 Jahre alt, bekommt umgerechnet 2,80 Euro Taschengeld pro Woche, das entspricht in etwa dem Ladenpreis, den man hier bei einem hervorragenden Metzger oder in einem der riesigen Supermärkte für 2 Kilo Rinderfilet bezahlen würde.

Die Stange Zigaretten (gute) kostet 3,57 Euro, der Liter Superbenzin umgerechnet weniger als 0,60 Euro, Auslandseinkünfte unterliegen keiner Steuer, die Inlandseinkommen liegen beim höchsten Steuersatz bei 25%. Wer ein Haus mieten möchte, statt sich selbst eines zu bauen, bezahlt z.B. in einer bewachten tollen Wohnanlage mit eigenem Swimming-pool, Gartenpflege und Nebenkosten für seine Top-Villa ca. 350 Euro pro Monat. Also nun frage ich Sie: warum sollte ich jemals wieder zurück wollen...?«

Doch auch Ray O. Nolan weist darauf hin, dass sich spätestens dann im Ausland das Glück trüben kann, wenn es darum geht, seinen Lebensunterhalt in Konkurrenz zu den Einheimischen zu verdienen: »Geschenkt wird den Einwanderern auch in Paraguay nichts. Fachliche Kompetenz und (oder) ausreichendes Kapital sollten auf keinen Fall fehlen. Wer es schafft, hier ohne finanzielle Probleme zu leben, für den kann das Land zu einer Oase der Zufriedenheit werden.«

Finanzielle Unabhängigkeit! Sie scheint in fast allen Auswanderungsländern dieser Erde die Richtschnur über Zufriedenheit und Frust zu ziehen. Sie kann sich durch einen guten Job ausdrücken, durch finanzielle Polster und Rücklagen, durch Vermögen, Renteneinkünfte oder ähnliches. Fehlt jedoch diese relativ abschätzbare sichere Geld- oder Einnahmequelle (aus der alten Heimat oder in der neuen Wahlheimat), dann verdrängen Existenzängste oder ein karger, mühsamer Broterwerb meist sehr rasch die Wahrnehmungsfähigkeit für die angenehmen Seiten des Auswanderungslandes.

Von einigen tragischen Schicksalen abgesehen, bestimmen also die Auswanderer prinzipiell selbst, wie sie letztlich ein Land empfinden. Daher sollte jedes Auswandern sehr genau geplant werden. Beschönigungen der finanziellen Aussichten oder Selbstüberschätzung waren schon immer die sichersten Garanten für Pleiten und persönliche Dramen. Die nüchterne Einschätzung der eigenen Möglichkeiten sollte also gerade beim Auswanderungswunsch vorherrschen.

»Wir werden es schon irgendwie schaffen – schließlich haben es andere vor uns auch schon geschafft«, zählt zu solchen verhängnisvollen Irrtümern. Kein Mensch kann ohne den entsprechenden Background Nudelfabrikant werden, nur weil vor ihm bereits andere zu erfolgreichen Nudelfabrikanten wurden. Die Basis für berufliche Erfolge liegt auch im Ausland im notwendigen Grundkapital und der fachlichen Qualifikation des Einwanderers.

In den USA, am Highway 101, im berühmten Silicon Valley, der Ideenschmiede der Computerindustrie, findet man denn auch gleich eine Ballung an abgewandertem deutschen Fachwissen und an Kapital- und Innovationsfreudigkeit. In der deutschen Kolonie des Tals bevölkern Männer und Frauen, die einst vor den deutschen Zwängen und Fesseln flohen, die Szene der Erfolgreichen. Sarkastische Zungen behaupten, dass die untere Armutsgrenze im Tal bei 90.000 Dollar läge. Wer weniger verdient, wird als eine Art Obdachloser betrachtet. Halbwegs salonfähig gilt man ab einem Jahreseinkommen von einer halben Million. Dafür schuftet man dann aber auch fast rund um die Uhr.

Silicon Valley ist natürlich ein ›Ausnahme-Zoo‹ in der Welt der Auswanderer. Trotzdem setzt es gewisse Maßstäbe, die sich fast überall anwenden lassen: Wer im Ausland etwas leistet, kann es zu was bringen; wer schon in der alten Heimat vor Faulheit oder Inkompetenz strotzte, der wird im Ausland hingegen vermutlich die selbe Anerkennung finden wie daheim – nämlich gar keine. Sicher haben und hatten auch einige Ausgewanderte einfach nur Glück – aber diese rare Spezies an Sonntagskindern findet man hie und da auch in der alten Heimat. Sich jedoch auf das pure Glück zu verlassen, sollte man bei einem derart lebensverändernden Schritt tunlichst vermeiden.

Lebt man selbst einige Jahre im Ausland, wird man irgendwann einmal erkennen, dass es – grob über den Daumen gepeilt – eigentlich nur zwei Sorten von Auswanderern gibt:

1. Die beneidenswert sorglos Dahinlebenden, wie jene, welche mehrmals pro Jahr kurz ihre Top-Villen bewohnen, um dann wieder nach Hause zu fliegen; also jene, die irgendwie ausgesorgt zu haben scheinen und ihr Leben in der Fremde problemlos genießen können. Dazu zählen auch all die eingewanderten Spitzenleute, die sich eine florierende Firma aufbauten oder im Auftrag einer deutschen Mutterfirma gut bezahlt im Ausland arbeiten. Und die zufriedenen Rentner natürlich. Die findet man nahezu auf jedem Fleckchen unseres Planeten...

2. Die anderen, die sich tagtäglich abstrampeln müssen, weil sich ihre Träume dann doch nicht so realisieren ließen, wie man es einst gehofft hatte. Und jene Menschen, bei denen jede Sonderausgabe zu neuen Existenzängsten führt, weil in ihrem Leben praktisch alles schief gelaufen ist und deren ›Traum vom neuen Leben‹ sie eigentlich nur von einer Enttäuschung zur anderen führte...

Profis und gefüllte Brieftaschen sind im Ausland immer gefragt. Aber sie bilden meist nur die kleine Elite in der neuen Wahlheimat. Etwa wie Jürgen Schott, der nach Neuseeland auswanderte, weil er nie mehr für andere Leute Häuser bauen wollte. Dreimal versuchte er sich in fremden Metiers, bis im klar wurde, dass seine Stärke eben doch im Bausektor lag. Heute ist er Chef einer angesehenen Baufirma mit über 100 Angestellten...

Oder Günther Stütz, der in Paraguay durch die Pleite seines Schwagers quasi über Nacht – um zu retten, was es noch zu retten gab – zum Vollblut-Farmer werden musste. In wenigen Jahren schaffte er es, aus einigen verzettelt in der Landschaft verteilten Kleinfarmen ein wirtschaftliches Farmunternehmen aufzubauen. Heute zählt Günther Stütz zu den zwanzig größten Farmern im Land...

Oder die Witthaupts, die es von München nach Kanada zog. Peter, 29, von Beruf Kfz-Meister; Silke, 27, einst Sekretärin bei einer Bremsenfirma: »Wir mussten zuerst Jobs annehmen, die weit unter unserer Ausbildung lagen. Aber inzwischen sind wir alle sehr zufrieden, dass wir den Schritt gewagt haben. Keiner von uns will je wieder zurück...«

Der Werdegang: Silke, lange Zeit ohne Arbeit aber mit hervorragenden Englischkenntnissen, jobbte als Teilzeitkraft in zwei Zeitungsverlagen; Peter stand zunächst an der Zapfsäule einer Tankstelle, dann reparierte er in einem deutschstämmigen Betrieb Autos und Busse, nach vier Jahren machte er sich schließlich selbständig. Heute arbeiten 14 Mechaniker in seinem eigenen Betrieb...

Oder Erich Schulte, der wegen seiner kleinen Tochter, die in Deutschland unter einer schweren Neurodermitis litt, nach Paraguay auswanderte, wo das Kind heute wie jedes andere normale Kind lebt.

»Als sie immer mehr litt, habe ich meine Firma aufgelöst und wir sind ziemlich unvorbereitet nach Paraguay ausgewandert. Der Start war nicht leicht, aber zur Ruhe setzen wollte ich mich eigentlich auch nicht. Wir begannen dann damit, Autoersatzteile von Deutschland zu importieren, dann kam eine eigene Reparaturwerkstatt hinzu und dann ging es rasant aufwärts.«

Inzwischen arbeiten bei den Schultes 35 Angestellte im eigenen Betrieb, der sich über drei Stockwerke erstreckt. In diesem Jahr wird angebaut, weil der Platz nicht ausreicht und man die Hälfte der Kunden wieder nach Hause schicken muss. Das Erfolgsgeheimnis der Schultes: Immenses Fachwissen, Innovationsfreude und genug mitgebrachtes Eigenkapital.

Erich Schulte: »Hier in Paraguay ist die Mund-zu-Mund-Propaganda enorm. Die meisten unserer Kunden fahren nun seit langem mal wieder ihr Auto störungsfrei. So was spricht sich schnell rum. Ich denke, wer im Ausland sein Know-how und sein Fachwissen einbringt und wer über genügend Kapital verfügt, um die Aufbauphase unbeschadet zu überstehen, der wird auch sein Glück finden. Wir würden jedenfalls nicht mehr zurück wollen, denn auch seine Freizeit kann man hier sinnvoll gestalten.«

Auch Christa und Günter Siebert haben es geschafft. Sie verkauften Mitte der 80er Jahre ihre Diskotheken in Hessen, um sich mit einem Hotelbetrieb in Kanada ein neue Existenz aufzubauen. Die unermessliche Weites des Landes und die Freiheit die man dort genießt, hatten es ihnen angetan. Inzwischen leben sie inmitten 'deutscher Gemütlichkeit' und einer überwältigenden Natur etwa zwei Autostunden nördlich von Toronto, wo sie auf 25 Hektar Land die schöne Hotel- und Freizeitanlage *Tapatoo* aufgebaut haben. Neunzig Hotelgäste werden inzwischen von den 24 Angestellten verwöhnt.

Überhaupt scheinen zahlreiche ausgewanderte Deutsche im Hotelgewerbe ihr Glück gemacht zu haben. Voraussetzungen sind aber auch hier genügend Kapital und – wenn schon nicht Fachkenntnis – ein gesunder geschäftlicher Spürsinn und ein gutes Management. So sind z.B. in Paraguay die deutschen Hotels *Westfalenhaus*, *Paramanta*, *Papillon, Portal del Sol* und einige wenige andere rasch zu einer respektablen Adresse geworden, während – und so läuft es in fast allen beliebten Einwanderungsländern ab – kleine Pensionen oder wirtschaftlich schlecht geführte Beriebe auf der Strecke blieben.

Auch Conny Basler (Hamburgerin, 36) arbeitet im Hotelgewerbe und kann nach 15 Jahren Auslandsaufenthalten und nun in Singapur lebend von sich behaupten, ›die Welt gesehen zu haben‹. Wie so viele, die ihr Glück in der Fremde gefunden haben, warnt auch sie davor, dass ›man zu verträumt an die Sache rangeht‹. Auswandern sei kein Spiel, sondern harte Realität, an welcher ›einfach zu viele Auswanderer immer wieder scheitern‹.

»Ich habe einen Holländer in Bangkok getroffen, der seine Schuhe verkauft hatte; einen Franzosen in Saigon, der für 13 Dollar im Monat LKW fahren musste; eine Engländerin, die in Hongkong auf den Strich ging; einen Österreicher, der in Lagos (Nigeria) Touristen ausraubte; einen Deutschen, der in Dubai klauen ging und einen anderen Deutschen, der in Taipei die Leute anbettelte.

Während meiner Jahre im Ausland habe ich zahllose Holzköpfe getroffen, die sich mit ein paar tausend Euro in den Flieger gesetzt haben, irgendwo auf eine Insel geflogen sind und dachten, sie hätten jetzt das Paradies gefunden. Die Ernüchterung setzte dann meist sehr schnell ein. – Auszuwandern ist leider für viele ein Traum, der irgendwann wie eine Seifenblase zerplatzt, weil ihnen einfach die finanziellen Mittel und Voraussetzungen fehlen, Fuß zu fassen.«

Wenn das liebe Geld nicht wäre, könnte auswandern also eine tolle Sache sein und in Deutschland gäbe es dann in wenigen Jahren vermutlich nur noch ein paar übriggebliebene eigensinnig Heimatverwurzelte. Doch wie eh und je ist Geldverdienen beim Thema Auswandern ein nicht wegzuleugnender Faktor, der den Boom etwas reguliert.

In Portugal beispielsweise kommen auf 1000 deutsche Einwanderer (2002) nur 10 Arbeitsplätze. Schlechte Berufsaussichten und miese Löhne (eine Bürokraft verdient in Deutschland etwa das fünffache) sind heute aber so ziemlich das einzige, was die vielen Auswanderungsfreudigen noch zurückhält. Alle anderen Problemchen und Makken in der neuen Heimat werden dagegen in Kauf genommen. Heimatfrust wird zur Triebfeder und öffnet für die Entschlossenen die Pforten in Richtung Paradies. ›Erst mal weg!‹, lautet die neue Devise. ›Schlimmer kann's schließlich auch im Ausland nicht werden!‹

»Wir haben Arbeiten angenommen die weit unter unserer Ausbildung liegen, um uns über Wasser zu halten«, berichtet Heike Messerklinger aus dem niederbayerischen Altötting über ihr neues Leben in Kanada. »Aber trotz aller emotionalen Berg- und Talfahrten die wir mitgemacht haben sind wir sehr zufrieden, dass wir den Schritt hierher gewagt haben. Wir fanden auch schnell einen sehr großen, multikulturellen Freundeskreis und bei sämtlichen Behördengängen wurde uns Verständnis und Entgegenkommen gezeigt. Und obwohl es in den Großstädten Kanadas genauso turbulent zugeht, wie in europäischen Großstädten, lebt man doch viel freier und unkomplizierter hier.«

Jochen aus Santo Domingo:

»Ich selber lebe seit fast neun Jahren in der DomRep. Nach anfänglichen Schwierigkeiten, die zum Teil normal sind, kann ich heute sagen, dass ich nicht mehr tauschen möchte, denn hier lernt man auch, was man *nicht* alles braucht, um glücklich zu leben. Und man lernt, auf Dinge verzichten zu müssen. Natürlich ist nicht alles 100%ig, aber die positiven Seiten überwiegen jedenfalls für mich.«

Mario aus Starnberg hat vor einem Jahr Deutschland den Rücken gekehrt: »Ich bin 25 und wohne jetzt in Kenia in einer Stadt direkt am Indischen Ozean. Dort betreibe ich eine Bar/Grill-Restaurant. Ursprünglich war ich einfach auf der Suche nach mehr Freiheit und ich habe sie in Afrika gefunden. Ich bin zwar noch jung, aber umso mehr bin ich stolz darauf, dass ich ganz allein den Schritt nach Afrika gewagt und mir eine Existenz aufgebaut habe.

Wenn man dann noch bedenkt, dass ich von morgens bis abends Freizeit habe, im Ozean baden kann, mir von Hummer über Krebs bis Garnelen jeden Tag alles gönnen kann, ich mein Englisch perfektioniert habe, mir nicht langweilig ist und ich zudem noch eine tolle Frau gefunden habe, denke ich, dass ich ein Glückslos gezogen habe.«

H.W. Kopczinski, Journalist, Verleger und Eigner der viel besuchten Internetseiten *http://auswandern-aktuell.de* zählt seit 1987 selbst zu jenen, die den Schritt bereits gewagt haben. Mehr als zwei Millionen Menschen besuchen alljährlich seine Länderseiten im Web. Für ihn steht eigentlich einer gut vorbereiteten Auswanderung nichts im Wege, wenn diese ›mit einer gesunden Portion Vernunft, aber nicht zu viel Euphorie‹ geplant wird.

»Ich war auch einer von der Sorte an Auswanderern, die alles völlig unkritisch betrachteten«, erinnert er sich heute. »Inzwischen habe ich aus meinen Fehlern gelernt und kann allen Auswanderungswilligen daher nur an Herz legen: macht Euch nicht verrückt, plant euren Ausstieg sehr sorgfältig, lasst euch dabei viel Zeit, geht keinerlei Risiken ein und besucht das Land eurer Träume so oft es nur geht!

Wer sich das nicht leisten kann, sollte meines Erachtens besser nicht auswandern. Das Risiko, im Ausland regelrecht zu stranden anstatt sein erträumtes Glück zu finden, ist einfach zu hoch. Auswandern ist kein Spaß – die Lebenserhaltungskosten müssen durch einen sicheren Job oder andere Einkünfte gewährleistet sein...«

Checkliste Auswandern

Die nachfolgende Liste kann Ihnen helfen, sich besser auf das Aus.-wandern vorzubereiten. Bevor Sie also Ihre Container packen, sollten die meisten Punkte in der Liste abgehakt sein.

- Ich habe mein Traumland bereits mehrmals besucht, auch in verschiedenen Jahreszeiten.
- Meine Familie/Kinder/Partner kennen das Land inzwischen ebenfalls und sind f ü r ein Auswandern in dieses Land.
- Ich kenne die Sprache des Landes inzwischen so, dass ich z.B. auch auf Behörden selbst vorstellig werden kann, um Probleme zu besprechen.
- Ich/wir werden keine Probleme damit haben, in diesem Land finanziell über die Runden zu kommen und unser Leben dort zu bestreiten.
- Ich habe mich ausreichend über das Versicherungswesen und die ärztliche Versorgung im Einwanderungsland informiert.
- Ich habe mich inzwischen ausreichend über das Schul- und Bildungswesen bzw. über die beruflichen Möglichkeiten für unsere Kinder informiert (deutsche Schulen, Lehrberufe usw.).
- Ich verfüge über genügend Rücklagen für Ausnahmefälle.
- Ich habe inzwischen mindestens einen guten Kontakt im neuen Land, wo ich/wir uneigennützig Rat und Hilfe bekommen.
- Die Vorstellung in diesem Land einmal rechtlichen Problemen ausgesetzt zu sein, löst in mir/uns kein Unbehagen aus.
- Ich habe über die Info-Quelle des Internet hinaus auch Informationsbroschüren der AHK (deutschsprachige Vertretung der Deutschen Außenhandelskammern) und Infomaterial vom Landeskonsulat und dem Auswärtigen Amt über das Einwanderungsland.
- Das kulturelle Angebot in Einwanderungsland genügt unseren/ meinen Ansprüchen.
- Ich habe gewissenhaft geprüft, ob eventuelle Folgekosten (z.B. beim Erwerb eines Geschäftsbetriebes, einer Farm usw.) nicht mein Budget übersteigen.

• Einer Aufenthaltsgenehmigung im Einwanderungsland steht nichts im Wege. Alle erforderlichen Dokumente sind aktualisiert und vorhanden; alle Auflagen und Formalitäten können erfüllt werden.
• Die Punkte Renten, Erbe, Versicherungsschutz auf Reisen, Fiskus, Verwaltung von Liegenschaften, Vollmachten u.a. in der alten Heimat sind geregelt.
• Unser Vermögen, vom allem die finanziellen Mittel, die als Rücklagen dienen sollen, sind auf einer sicheren Bank deponiert und im Notfall schnell verfügbar.
• Für den Umzug, die Flugreisen, Grundstücke oder Immobilien habe ich Mehrfachangebote eingeholt und die Preise sorgfältig vergleichen können.
• Ich fühle mich jung, gesund und/oder dynamisch genug, um in einem neuen Land ein neues Leben zu beginnen.
• Wenn ich als Ernährer für die Familie/Partner ausfalle, wird diese trotzdem auch in der neuen Wahlheimat abgesichert sein.
• *Wir möchten Kontakt zu Deutschen im Ausland*: Unsere Wohnlage ist darauf abgestimmt. *Wir kommen auch ohne deutschsprachige Freunde oder Bekannte zurecht*: Wir haben uns genau überlegt, ob das auch noch in einigen Jahren für uns zutrifft.
• Ich bin mir darüber im Klaren, dass für mich das Leben im Ausland in etwa die gleichen Probleme mit sich bringen kann, wie sich das für einen Ausländer präsentiert, der in Deutschland Fuß fassen möchte.
• Wir sind dazu bereit, uns an die Mentalität der Einheimischen im Zuwanderungsland weitgehend anzupassen und diese zu akzeptieren.
• Es ist keine Laune – ich will wirklich für immer weg!

Länder, Fakten, Adressen. Einwanderungs-Formalitäten

Europa EG

In den Statistiken tauchen die Abwanderer in europäische Staaten zwar als ›Auswanderer‹ auf, da man sich aber innerhalb der EG ohne allzu viel Aufwand dort ansiedeln kann, wo es einem beliebt, kommt das doch mehr einem etwas größeren Wohnortswechsel gleich. Innerhalb der EG bleibt man praktisch also ein deutscher Bürger, aber mit den gleichen Rechten ausgestattet wie die Einheimischen des jeweiligen Landes.

Im EG-Vertrag (Artikel 18, vormals Artikel 8) ist das grundsätzliche Recht der Unionsbürger verankert, sich vorbehaltlich gewisser Bedingungen im Gebiet der Mitgliedstaaten frei zu bewegen und aufzuhalten. Allerdings benötigt jeder Unionsbürger, der sich mehr als drei Monate in einem anderen Mitgliedstaat aufhalten will, eine Aufenthaltserlaubnis für dieses Land. Dieses Papier soll ausschließlich zum Nachweis des verbürgten Aufenthaltsrechts dienen. Da damit in der Regel aber auch eine behördliche Abmeldung im Mutterland verbunden ist, könnte dies u.U. aber auch einer besseren fiskalen Transparenz dienen. Eine Aufenthaltsgenehmigung kann nur in besonderen Fällen verweigert werden, die aber in den Statuten des EG-Vertrages nur vage umschrieben werden.

Die für Laien wohl beste Internet-Quelle zu Fragen des EG-Rechtes, auch über das Recht der Arbeit, Häufig gestellte Fragen, Gerichtsurteile usw. findet man in verständlicher Sprache unter:
http://europa.eu.int/scadplus/leg/de/lvb/l23011a.htm

Nun bedeutet ein Auswandern innerhalb der europäischen Mitgliedsländer aber trotz Heimatnähe noch lange nicht, dass Zuwanderer die gleichen oder ähnlichen Bedingungen vorfinden werden, wie im Mutterland. Andere Mentalitäten und Lebensauffassungen, Amtsschimmel der besonderen Art, ungewohnte Arbeitsbedingungen, andere Infrastrukturen und ein zuweilen auch gewöhnungsbedürftiges Klima lassen in der Regel auch in europäischen Ländern keine Langeweile aufkommen.

Das berühmte *tranquilidad* (Gelassenheit) in einigen südlichen Ländern oder der Inselkoller auf Lanzerote (unter den dort lebenden Deutschen ist die Bezeichnung ›das deutsche Alcatraz‹ recht populär) sowie der Amtsschimmel in Ländern wie Griechenland haben schon so manchen Einwanderer in diesen Ländern zur Verzweiflung gebracht.

»Es kommt nicht von ungefähr, dass die Griechen in der Leichtathletik so hervorragende Ergebnisse erzielen; sie sind durch den dauernden Behördenmarathon sehr gut im Training«, kann man in einem Web-Forum über Griechenland nachlesen. »Die ›Demokratie‹ wird hier von der ›Bürokratie‹ regiert, welche einen zuweilen an die Grenzen seiner Kräfte treiben kann. Die Zustände sind für einen Mitteleuropäer kaum nachvollziehbar...«

Das brauchen Sie, um in andere EG-Länder einzuwandern:

Von Land zu Land können zwar andere Einwanderungsbedingungen für Zuwanderer aus den Unionsländern vorliegen, generell sind für die Beantragung der Aufenthaltserlaubnis jedoch die folgenden Unterlagen erforderlich:

- Pass oder Personalausweis,
- 3 Passfotos,
- bei Arbeitnehmern eine Kopie des Arbeitsvertrages, bei Selbständigen die erforderlichen Genehmigungen zur Ausübung ihrer Tätigkeit.
- Nicht Erwerbstätige benötigen eine für das Land gültige Krankenversicherung sowie einen Nachweis über die finanzielle Absicherung des Antragstellers und gegebenenfalls seiner Familie.
- Studenten müssen zusätzlich oftmals eine Einschreibebestätigung einer Lehranstalt des Einwanderungslandes vorlegen.
- Einreisende Familien benötigen Dokumente, die den Grad der Abstammung und etwaiger Unterhaltsberechtigungen nachweisen (Familienbuch oder Geburtsurkunde).
- Die jeweiligen Behörden des Einwanderungslandes können darüber hinaus ein polizeiliches Führungszeugnis verlangen.

(Für die Kanarischen Inseln gelten die Einwanderungsbedingungen von Spanien.)

Australien – Traumland der Superlative

Einwanderung:
Australien gehört neben den Vereinigten Staaten zu den beliebtesten Zielen deutschsprachiger Auswanderer. Es ist eines der wenigen Länder mit gezielt festgelegten Einwanderungsquoten. Verschiedene Kategorien von Einwanderern werden bevorzugt behandelt.

Dazu zählen etwa 50.000 Personen (von einem jährlichen Gesamtkontingent von 85.000 Einwanderern) die eine hochqualifizierte berufliche oder akademische Ausbildung mit zusätzlicher Berufspraxis nachweisen können.

Diese Einwanderer benötigen ein *Indepent-Visum* (unabhängige Einwanderer). Nach den derzeit geltenden Bestimmungen werden Bewertungspunkte für die folgenden Bereiche vergeben:

Berufliche oder akademische Ausbildung des Antragstellers, Berufspraxis, Englischkenntnisse, gefragter Beruf, Stellenangebot, australische Qualifikation sowie berufliche oder akademische Ausbildung des Partners oder der Partnerin. Gegebenenfalls werden auch Bonuspunkte für in Australien lebende Verwandte gegeben.

Das *family migration*-Visum wird solchen Personen erteilt, deren nahe Vewandte im Ausland leben und die außer der in Australien lebenden Person keine nahen Angehörigen mehr haben.

Employer Nomination (Visum durch Förderung eines Arbeitgebers). Für diese Kategorie an Einwanderern sind jährlich etwa 6.000 Personen vorgesehen. Neben dem Nachweis einer australischen Firma, dass in Australien für eine bestimmte Tätigkeit kein geeigneter Bewerber gefunden werden kann, zählt eine nachgewiesen gute Ausbildung und Arbeitserfahrung zu den Hauptvoraussetzungen.

Business Skills (Visum für Geschäftsleute) Die praktizierte Punktewertung basiert auf den Englischkenntnissen des Antragstellers, seinem Alter und Geschäftserfolgen. Es gibt Zeit- und Dauervisa und muss dafür eine Firma gegründet und ein bestimmter Betrag investiert werden. Wenn der Antragsteller in dieser Kategorie nicht die ausreichende Punkteanzahl erreicht hat, dafür aber über ein Kapital von mindestens 250.000 australischen Dollars verfügt, kann zunächst ein 4-jähriges Übergangsvisum erteilt werden, das in der Folge in ein

Dauervisum umgewandelt wird. Für diese Kategorie von Einwanderern wird jährlich eine Quote von etwa 7.000 Personen fest-gesetzt.

Retirement (Rentner und Pensionäre) Personen, die ein Alter von 55 Jahren überschritten haben, können ein verlängerbares, zeitlich begrenztes Visum (4 Jahre) beantragen. Dieser Antragsteller benötigt transferierbares Kapital und ein nachweisbares Einkommen. Dieses Visum wird in der Regel problemlos verlängert, kann sogar später in ein Daueraufenthaltsrecht umgewandelt werden. Man muss hier aber eine eigene Krankenversicherung im Lande nachweisen.

In jedem Fall führt die Antragstellung immer über das Australische Generalkonsulat in Ihrem 'Noch-Heimatland'. Die Einreise ist visumpflichtig. Visa werden nicht bei der Einreise erteilt, müssen also vorher eingeholt werden. Australien arbeitet auf der Basis elektronischer Visa (ETA), welche normalerweise bei der Buchung vom jeweiligen Reisebüro kostenlos beantragt werden.

Die erste große Einwanderergruppe kam 1838 aus Klemzig (Brandenburg) nach Australien. Heute leben dort ca. 109.000 Deutschstämmige. Prominentester deutscher Einwanderer dürfte Joachim (Blacky) Fuchsberger sein der seit Mitte der 80er Jahre auf der Insel Tasmanien und in Sydney lebt.

Nützliche Adressen:

Botschaft von Australien in Deutschland
Wallstraße 76 – 79, 10179 Berlin, Tel. 030-88 00 88-0

Botschaft von Australien in Österreich:
Matthiellistrasse 2-4, 1040 Wien, Tel. 01-512 8580

Botschaft von Australien in der Schweiz:
Alpenstrasse 29, 3006 Bern, Tel. 031-351 0143

Generalkonsulat von Australien in Deutschland:
Grüneburgweg 58 – 62, 60322 Frankfurt am Main, Tel. 069-90 55 80

Generalkonsulat von Deutschland in Australien:
13 Trelawney, Woolahra NSW 2025, Tel. 061-2 9328 7733

Generalkonsulat von Österreich in Australien:
2a Kingsland Street, Bexley NSW 2007, Tel: 061-2 9567 1008

Generalkonsulat der Schweiz in Australien:
500 Oxford Street, Bondi Junction NSW 2022, Tel: 061-2 9369 4244

Aktuelles Informationsmaterial:

Broschüren, E-books:

http://www.burg-halle.de/~albrecht/book.htm 500seitiges E-book, gratis mit Reiseberichten, 65 Stories, Reisekarten und Tipps zum kostenlosen Downloaden.

http://www.bva.bund.de/imperia/md/content/abteilungen/abteilungii/referatiib6/38.pdf
Verzeichnis der Beratungsstellen für Auswanderer und Auslandstätige des Bundes.

AHK: German-Australian Chamber of Industry and Commerce
P.O. Box A 980, Sydney South, NSW 1235, E-Mail: info@germany.org.au

Internet: Top-Websites, Landesinformationen und Foren:

http://www.australien-gala.de (Starten Sie eine virtuelle Reise nach Australien und erleben Sie den 5. Kontinent...)

http://auswandern-aktuell.de (Australien-Infos und Web-Forum Australien)

http://www.immi.gov.au/faq/index.htm (Informationsseite der australischen Einwanderungsbehörde, engl.)

http://www.australian-embassy.de (Deutschsprachige Infoseite der Australischen Botschaft in Berlin)

http://www.twains.com/australia/immiquest.htm (Fragebogen für Einwanderer, deutsch, über deutschsprachigen Anwalt-Kontakt in Australien)

http://www.outback-guide.de/ozinfo/Studium/practica.htm (Infos zum Praktikum in Australien)

Paraguay – Sonne, Gauchos, Kolibris

Einwanderung:

Gemessen an vielen anderen Ländern sind die Einwanderungsbedingungen für betuchte Investoren und Normalsterbliche sehr leicht. Grundsätzlich benötigt man einen Reisepass, der über das Einreisedatum hinaus noch mindestens drei Monate lang gültig ist. Ferner eine Geburtsurkunde und ein polizeiliches Führungszeugnis (nicht älter als drei Monate). Geburtsurkunde und Führungszeugnis müssen vom zuständigen Paraguayischen Generalkonsulat in Ihrem Heimatland beglaubigt werden. Es ist wesentlich preisgünstiger, diese Dokumente dann in Paraguay übersetzen zu lassen, als beispielsweise in Deutschland.

Einwanderer müssen im Land der Kolibris einen Kapitalnachweis von 5.000 – 10.000.- US-Dollar erbringen (das wechselt ja nach Laune der Behörden). Ein Investitionsnachweis (Land, Immobilie oder Firmengründung etc.) kann die Einwanderung beflügeln. Die realen Kosten für eine Aufenthaltsgenehmigung (mit paraguayischem Personalausweis) liegen bei etwa 250 Euro pro Person, wenn man die drei oder vier notwendigen Behördengänge selbst erledigen kann.

Nach der Beantragung erhält man zunächst die sogenannte *Mesa de entrada*, die als Ersatzdokument für 90 Tage gilt. Innerhalb dieser Frist muss man sich dann selbst erkundigen, ob die Aufenthaltsgenehmigung (*Cedula permanente*) inzwischen fertiggestellt wurde oder nicht. Man erhält also keine postalische Benachrichtigung vom zuständigen Amt.

Wer weder über Spanischkenntnisse, noch über ortskundige Freunde verfügt, kann seine Papiere auch über zugelassene deutsch- oder spanischsprachige Notare in Asunción beantragen lassen (400 – 500 US-Dollar) oder deutschsprachige Büros, die sich auf die Beschaffung dieser Dokumente spezialisiert haben, damit beauftragen (1.000 – 1.500 US-Dollar pro Person).

Ein Visum ist für deutsche, österreichische oder schweizer Staatsbürger bei der Einreise nicht erforderlich.

Einwanderer und Aussteiger finden in Paraguay viele Möglichkeiten für eine selbständige Betätigung vor. Handwerker und Fachkräfte jeder Branche haben auf Grund ihrer Ausbildung also ausgezeichnete Chancen, trotz relativ bescheidenem Eigenkapital einen selbständigen Betrieb zu gründen. Die zu zahlenden Steuern sind in Paraguay gering, was auch für die notariellen Gründungskosten eines Gewerbebetriebes gilt.

Da Paraguay seit Jahren durch eine wirtschaftliche Flaute schippert, sind hingegen die Chancen auf einen gut bezahlten Job sehr gering. Das Lohnniveau ist gemessen an europäischen Ländern sehr niedrig – ein Umstand, der nur die Herzen der Arbeitgeber, nicht jedoch die der Arbeitnehmer schneller schlagen lässt.

In Paraguay leben heute ca. 120.000 Deutsche oder Deutschstämmige. Ende des 19. Jahrhunderts entstanden dort die ersten deutschen Kolonien in *San Bernardino* und *Altos*, nahe des 46 qkm großen *Ypacaraí*-Sees und der Landeshauptstadt *Asunción.* Ab 1900 siedelten sich deutsche Einwanderer dann auch im Süden an (*Hohenau, Bella Vista*) sowie weitere deutsche und österreichische Gruppen in anderen Regionen des Landes.

Die bekanntesten Kolonisten im Land sind die deutschstämmigen *Mennoniten*, welche aus Russland, Mexiko, Holland und den USA kommend den Gran Chaco besiedelten und urbar machten. In diesen Regionen wird auch heute noch Plattdeutsch gesprochen (*Neuland*, *Menno* und *Fernheim* mit dem Ortszentrum von *Filadelfia*).

Prominenter Deutscher in Paraguay ist der Schriftsteller und Sachbuchautor Ray O. Nolan, der 1986 nach Paraguay siedelte.

Nützliche Adressen:

Botschaft von Paraguay in Deutschland
Hardenbergstr. 12, 10623 Berlin, Tel. 030-318 02 725, 319 98 60

Botschaft von Paraguay in Österreich:
Prinz Eugen Strasse 18, 1040 Wien, Tel. 505 46 74, Fax 941 98 98
E-Mail: embaparbiena@chello.at

Botschaft von Paraguay in der Schweiz:
Kramgasse 58, 3011 Bern, Tel. 031-312 32 22,

Generalkonsulat von Paraguay in Deutschland:
Heilwigstr 123, 20249 Hamburg, Tel: 47 47 41, 47 92 12

Botschaft von Deutschland in Paraguay:
Venezuela 241, Asunción, Tel: (00595) 21 – 21 40 09 / 11

Honorarkonsulat von Österreich in Paraguay:
Aviadores del Chaco 1690 - Piso 1°, Asunción, Tel: (00 595) 21– 61 33 16

Botschaft der Schweiz in Paraguay:
Avda. O´Leary 409 - Piso 4°, Asunción, Tel: (00595) 21 – 44 80 22, 49 08 48

Aktuelles Informationsmaterial:

Broschüren, E-books:

http://klartext.cc/paraguay.html (Insider-Handbuch 'Paraguay', auch als e-book)

AHK: Deutsch-Paraguayische Handelskammer
http://www.ahkasu.com.py/de/services.htm (Info-Broschüren, kostenpflichtig)

http://www.swissemigration.ch/imperia/md/content/elias/i-p/PARAGUAY_AK_D.pdf (Leben und Arbeiten in Paraguay, 18 Info-Seiten, pdf, gratis, vom Bundesamt für Ausländerfragen in Bern, Schweiz)

Internet: Top-Websites, Landesinformationen und Foren:

http://www.paraguay-hotels.de (Hotel Westfalenhaus **** Deutschsprachiges Top-Hotel in ruhiger aber zentrale Lage in der Landeshauptstadt Asunción)

http://paraguay-online.net (neutrale Infos für Einwanderer, zahlreiche nützliche Basis-Informationen und ein viel besuchtes aktuelles Auswanderer-Forum)

http://paraguay-infotour.de (mit interessantem Reiseatlas und nützlichen Links)

Kanada – weites Land, moderne Städte

Einwanderung:

Kanada hat stets zu den beliebtesten Einwanderungsländern gezählt. Daran können auch die Schwierigkeiten kaum etwas ändern, denen sich heute ein Einwanderungswilliger im Land des Ahornblattes gegenüber gestellt sieht. Grundsätzlich gibt es drei verschiedene Kategorien, nach denen eine Einwanderung in Kanada möglich ist.

Da ist zunächst die *family class*, deren Grundlage die Familienzusammenführung darstellt. Kanadische Staatsbürger und Einwohner mit unbegrenzter Aufenthaltserlaubnis dürfen als Bürgen die Ehefrau, Verlobte, Eltern, Großeltern, Kinder einschließlich Adoptivkinder, ebenso unverheiratete verwaiste Geschwister, Enkel, Neffen und Nichten nach Kanada bringen. Um als Bürge anerkannt zu werden, muss das Einkommen des Bürgen ein fixiertes Minimum überschreiten und die Verpflichtung der Bürgschaft auf mindestens 10 Jahre übernommen werden. Auf die Einhaltung dieser Verpflichtung wird streng geachtet für den Fall, dass die Verwandten später in Kanada Wohlfahrtsgelder beziehen wollen.

Flüchtlinge nach der Genfer Konvention: Der Antragsteller muss nachweisen, dass er auf Grund wohlbegründeter Furcht vor einer Anklage aufgrund von Nationalität, Rasse, Religion oder der Mitgliedschaft in einer politischen oder sozialen Gruppierung gemäß der Genfer Konvention als Flüchtling anzuerkennen ist.

Independent category: Hier ist vor allem zwischen Facharbeitern und Geschäftsleuten zu unterscheiden. Während Facharbeiter nach einem Punktesystem bewertet werden, welches sich in der Hauptsache auf die berufsspezifische Ausbildung und die Berufsgruppe bezieht, unterliegen Geschäftsleute, also Selbständige, Unternehmer oder Investoren völlig unterschiedlicher Kriterien.

Während für den *Facharbeiter* im allgemeinen eine Berufserfahrung von mindestens einem Jahr vorausgesetzt wird, muss der *Unternehmer* nachweisen, dass er die Absicht und die Fähigkeiten besitzt, ein Unternehmen in Kanada erfolgreich zu etablieren, was durch Kauf, Neugründung oder Investition in einen, bereits in Kanada erfolgreich tätigen Betrieb nachgewiesen werden kann.

Investoren müssen als Antragsteller für die Einwanderung neben Geschäftserfahrung auch ein Nettovermögen von mindestens 800.000 Kanadischen Dollar nachweisen. Dieses Vermögen muss vom Investoren durch geschäftliche Transaktionen verdient worden sein, darf sich also weder aus Erbschaften, Lotteriegewinnen, Geschenken oder Gewinnen aus dunklen Quellen zusammensetzen. Der Investor muss einen Betrag von 400.000 Kanadischen Dollar in einem Einwanderungs-Investorfond anlegen, von welchem Kredite an qualifizierte kanadische Unternehmen vergeben werden.

Selbständige: Zu dieser Kategorie zählen unter anderem Handwerker und Farmer, aber auch Künstler und Artisten, die ebenso wie der 'Unternehmer' nachweisen müssen, dass sie die Absicht und die Fähigkeit haben, sich in Kanada als Selbständige erfolgreich zu etablieren.

Arbeitserlaubnis: Das kanadische Einwanderungsgesetz schreibt vor, dass alle Personen (wovon kanadische Staatsbürger und Personen mit unbegrenzter Aufenthaltserlaubnis ausgenommen sind) über eine Arbeitserlaubnis verfügen müssen, ehe sie ein Arbeitsverhältnis antreten können. Demnach muss der zukünftige Arbeitgeber beim örtlichen Arbeitsamt eine entsprechende Genehmigung einholen, um überhaupt eine Arbeitserlaubnis beantragen zu können.

Eine *Studienerlaubnis* wird generell für sämtliche akademische und berufsfördernde Programme erteilt, sofern der Antragsteller über ausreichende finanzielle Mittel verfügt. In manchen Fällen ist es empfehlenswert, v o r einem Antrag auf Einwanderung, zunächst als Student oder mit einer Arbeitserlaubnis in Kanada einzureisen.

Mehr als 3 Mio. Deutsche sind ab dem Jahr 1900 in Kanada eingewandert. Der deutsche Schauspieler Günther Schramm (Krimiserien) gehört zur Gilde der ausgewanderten Promis und lebt seit 1982 in Kanada.

Nützliche Adressen:

Botschaft von Kanada in Deutschland
Friedrichstraße 95, 10117 Berlin, Tel.: 030- 20 31 20, Fax: (030) 20 31 21 11

Botschaft von Kanada in Österreich:
Laurenzerberg 2, 1010 Wien, Tel: 01-531 38 3000

Botschaft von Kanada in der Schweiz:
Kirchenfeld Str. 88, 3005 Bern, Tel: 031- 357 32 00

Botschaft von Deutschland in Kanada:
1 Waverley St., Ottawa, Tel.: (613) 232-1101, Fax: 594 93 30

Deutsche Botschaft, Montreal:
1250 Bvd. René-Lévesque, Ouest Suite 4315, Montréal, Québec H3B 4X1

Deutsche Botschaft, Toronto:
77 Admiral Road, Toronto, Ontario M5R 2L4

Botschaft von Österreich in Kanada:
445 Wilbroad St., Ottawa, Tel.: (613) 789-1444

Botschaft der Schweiz in Kanada:
5 Marlborough Ave., Ottawa, Tel.: (613) 235-1837.

Aktuelles Informationsmaterial:

Broschüren, E-books:

http://www.councilexchanges.de/contact/download/download.html (Infos "Arbeiten im Ausland" mit Anmeldeformularen und Reisespecials).

http://www.auswandern-kanada.de (Top-Infos für Auswanderer, pdf-book,)

http://www.ks1.s.bw.schule.de/projekte/seminarkurskanada/ teil4projekt.pdf (Top-Infos mit allen Einwanderungsbedingungen in Deutsch zum Downloaden).

Internet: Top-Websites, Landesinformationen und Foren:

http://www.kanadanews.de (Potthässliche aber sehr informative Webseite mit bis zu 5 Frame-Rahmen und Scrolls pro Seite. Schon deshalb muss man das sehen!).

http://www.swisscanadian.com (Das Portal für Schweizer Auswanderer).

USA – Mit der Green Card ins Paradies

Einwanderung:

Es gibt viele verschiedene Wege, um ein permanentes Visum für die Vereinigten Staaten von Amerika zu beantragen. Je nachdem, ob Sie Verwandte in den USA haben, ob Ihnen bereits eine Arbeitsstelle zugesichert wurde oder ob Sie in der *Green Card Lottery* Ihr Visum gewinnen möchten, gelten für Sie andere Bestimmungen.

Darüber hinaus existieren auch einige gesonderte Einwanderungsbestimmungen für Asylanten, Flüchtlinge, Waisenkinder, Investoren und sogar für illegale Einwanderer, die die USA seit dem 01.01.1972 nicht mehr verlassen haben.

Ich habe Verwandte in den USA

Die Tatsache, dass Sie Verwandte haben, die permanent in den USA leben oder gar Staatsbürger der USA sind, ermöglicht es Ihnen im Zuge der Familienzusammenführung ein permanentes Visum zu bekommen. Damit Ihr Antrag angenommen wird, muss eine der folgenden Kriterien allerdings zutreffen:

Wenn Ihr Verwandter US-amerikanischer Staatsbürger ist:

- Sie sind sein Ehepartner.
- Sie sind sein Kind.
- Sie sind Bruder oder Schwester und mindestens 21 Jahre alt.
- Sie sind sein Vater oder seine Mutter und mindestens 21 Jahre alt.

Wenn Ihr Verwandter permanent in den USA lebt, aber kein US-amerikanischer Staatsbürger ist:

- Sie sind sein Ehepartner
- Sie sind sein Kind, unter 21 Jahre alt und unverheiratet.

Außerdem muss Ihr Verwandter alle folgenden Kriterien erfüllen:

- Er muss mit Ihrer Einwanderung einverstanden sein.
- Er muss Ihren Verwandtschaftsgrad belegen können.
- Er muss für Sie und alle anderen finanziell von ihm abhängigen Angehörigen 125% mehr Geld zur Verfügung haben, als es durch die Armutsgrenze festgelegt wird.

Ich möchte in den USA arbeiten

Wenn Sie auf Grund Ihrer beruflichen Fähigkeiten ein Visum beantragen möchten, müssen Sie die Kriterien der Gruppen EB-1, EB-2, EB-3 oder EB-4 erfüllen.

EB-1: Überragende wissenschaftliche, künstlerische, pädagogische, berufliche oder sportliche Fähigkeiten:

Für ein EB-1 Visum müssen Sie entweder den Nobel-Preis oder eine gleichwertige, weltweit anerkannte Auszeichnung erhalten haben oder mindestens drei der folgenden zehn Kriterien erfüllen. Sollten keine drei dieser Kriterien auf Sie zutreffen, können Sie noch 'vergleichbare Beweise' über Ihre Fähigkeiten vorlegen. Als Arbeiter müssen Sie *kein* Arbeitszertifikat (ETA-750) vorlegen.

• Sie haben anerkannte Preise oder Auszeichnungen für Ihre Fähigkeiten erhalten.
• Sie sind Mitglied in einer Vereinigung Ihres Spezialgebiets, dessen Mitgliedschaft herausragende Leistungen oder Errungenschaften erfordert.
• Sie haben bereits eines Ihrer Werke im größeren Umfang oder in bedeutenden Medien veröffentlicht.
• Sie haben die Arbeit anderer allein oder in einem Ausschuss beurteilt.
• Eines Ihrer Werke oder einer Ihrer Verdienste ist von bedeutender Wichtigkeit für Ihr Spezialgebiet.
• Sie haben einen wissenschaftlichen Artikel im größeren Umfang oder in bedeutenden Medien veröffentlicht.
• Ihre Arbeiten wurden in künstlerischen Ausstellungen oder Schaukästen publiziert.
• Sie hatten eine leitende oder kritische Position in einer bekannten Organisation inne.
• Sie haben mit der Arbeit in Ihrem Spezialgebiet überdurchschnittlich viel Geld verdient oder Sie hatten kommerzielle künstlerische Erfolge.

Weiterhin erhalten Sie als bedeutender Professor oder Wissenschaftler ein permanentes Visum, wenn Sie eine lehrende oder wissenschaftliche Tätigkeit an einer Universität oder anderen Institution höheren Bildungsgrades ausüben werden, mindestens drei Jahre Berufserfahrung haben und mindestens zwei der folgenden Kriterien erfüllen. Als Professor oder Wissenschaftler müssen Sie ein Arbeitszertifikat (ETA-750) vorlegen.

• Sie haben bedeutende Preise oder Auszeichnungen für Ihre Verdienste bekommen.
• Sie sind Mitglied einer Vereinigung, dessen Mitgliedschaft die Demonstration herausragender Verdienste voraussetzt.
• Jemand anderes hat eine veröffentliche Abhandlung über Ihre Arbeit(en) geschrieben.
• Sie haben die Arbeit eines Kollegen aus Ihrem oder einem verwandten Spezialgebiet allein oder in einem Ausschluss beurteilt.
• Sie können auf Verdienste im Bereich der Wissenschaft oder der Forschung in Ihrem Spezialgebiet verweisen.
• Sie haben ein wissenschaftliches Buch oder einen wissenschaftlichen Artikel in einer weltweit veröffentlichten Zeitung zu Ihrem Spezialgebiet geschrieben.

Weiterhin können Sie als Manager, leitender Angestellter oder Geschäftsführer einer nicht-US-Firma ein EB-1 Visum erhalten, wenn Sie in eine Filiale in den USA versetzt werden und für diese Firma bereits mindestens drei Jahre gearbeitet haben. Weitere Informationen über das EB-1 Visum und die Antragsprozedur finden Sie auf den Homepages des *U.S. Department of Justice*.

EB-2: Außergewöhnliche wissenschaftliche, berufliche oder sportliche Fähigkeiten

Wenn Sie eine Arbeit antreten werden, die einen hohen akademischen Grad erfordert (den Sie besitzen) können Sie das EB-2 Visum beantragen. Für dieses Visum müssen Sie einen akademischen Grad über dem Bakkalaureat (unterster Grad) oder das Equivalent Ihres Landes oder das Bakkalaureat und einen Nachweis über fünf Jahre Berufserfahrung besitzen. Außerdem müssen Sie mindestens drei der folgenden Kriterien erfüllen. Sollten keine drei dieser Kriterien auf Sie zutreffen, können Sie auch 'vergleichbare Beweise' über Ihre Fähigkeiten vorlegen. Außerdem müssen Sie ein Arbeitszertifikat (ETA-750) vorlegen.

• Sie sind im Besitz einer Urkunde über Ihren akademischen Grad, eines Diploms oder eines Zertifikats einer Akademie, einer Universität, einer Schule oder einer anderen Ausbildungsstätte aus Ihrem Spezialgebiet.
• Sie können zehn Jahre Berufserfahrung dokumentieren.
• Sie haben eine Berufserlaubnis für Ihr Spezialgebiet.
• Ihre Entlohnung bezeugt außergewöhnliche Fähigkeiten.
• Sie sind Mitglied einer beruflichen Vereinigung.
• Ihre Errungenschaften und Verdienste für die Industrie oder Ihr Spezialgebiet werden von der Regierung oder anderen Organisationen Ihres Spezialgebietes anerkannt.

Weitere Informationen über das EB-2 Visum und die Antragsprozedur finden Sie auf den Homepages des *U.S. Department of Justice.*

EB-3: Facharbeiter, Fachmänner etc.

Das EB-3 Visum kann von den folgenden Gruppen von Arbeitern beantragt werden, wenn Sie bereits ein Angebot für eine Vollzeit-Arbeit haben. Sie müssen außerdem Arbeitszertifikat (ETA-750) vorlegen.

• *Facharbeiter,* welche zwei Jahre Erfahrung in einem Beruf besitzen, der mindestens zwei Jahre Berufserfahrung zur Ausübung benötigt, können das EB-3 Visum beantragen. Das Arbeitszertifikat ETA-750 legt fest, ob ein Beruf zwei Jahre Erfahrung benötigt (skilled) oder nicht (unskilled). Sie dürfen *kein* Saison- oder Kurzarbeiter sein.
• *Fachmänner* müssen ein Bakkalaureat oder das Equivalent des jeweiligen Landes vorweisen, das für den Beruf nötig ist.
• *Nicht-Facharbeiter* (*unskilled workers* nach ETA-750) können dann ein Visum beantragen, wenn in den USA nicht genügend qualifizierte Arbeiter vorhanden sind. Diese Prozedur kann unter Umständen einige Jahre dauern.

Weitere Informationen über das EB-3 Visum und die Antragsprozedur finden Sie auf den Homepages des *U.S. Department of Justice.*

EB-4: Religiöse Arbeiter

Für das EB-4 Visum müssen Sie seit über zwei Jahren aktives Mitglied einer in den USA aktiven, nicht kommerziellen, religiösen Vereinigung sein. Sie müssen in die USA einreisen wollen, um eine Tätigkeit für Ihre Vereinigung auszuführen.

Weitere Informationen über das EB-4 Visum und die Antragsprozedur finden Sie auf den Homepages des *U.S. Department of Justice*.

Ich möchte an der *Green Card Lottery* teilnehmen

In jedem Jahr wird durch die *Green Card Lottery* 55 000 Menschen aus Ländern mit niedriger Einwanderungsrate in die USA (weniger als 50 000 in den letzten 5 Jahren) die Möglichkeit gegeben, in die USA auszuwandern. Aus allen angemeldeten Bewerbern werden nach dem Zufallsprinzip 55 000 ausgewählt, die einen Antrag auf ein permanentes Visum stellen können. Wenn dem Antrag stattgegeben wird, erhält der Antragsteller das Recht auf permanenten Aufenthalt und Arbeit in den USA. Sein Ehepartner und seine unverheirateten Kinder unter 21 Jahren dürfen mit ihm in die USA einwandern.

Trotzdem sollten beide Ehepartner (soweit sie die Vorraussetzungen erfüllen) an der Lotterie teilnehmen, um die Gewinnchancen zu erhöhen

Die *Green Card* erteilt seinem Inhaber das Recht auf Lebenszeit in den USA zu leben, zu studieren, zu arbeiten und zu jedem Zeitpunkt frei ein- und auszureisen. Der Inhaber erhält außerdem soziale Leistungen im Gesundheits- und Bildungswesen und in vielen anderen Bereichen. Die Green Card macht den Inhaber nicht automatisch zum Staatsbürger der USA, die Staatsbürgerschaft kann aber beantragt werden.

Teilnehmen kann kein Staatsbürger aus einem Land, aus dem in den letzten 5 Jahren mehr als 50 000 Menschen eingewandert sind. Diese Länder waren im Jahr 2003: Kanada, China (in China selbst geboren), Dominikanische Republik, El Salvador, Großbritannien und seine gesamten Territorien, Haiti, Indien, Jamaika, Kolumbien, Mexiko, Pakistan, Philippinen, Süd-Korea und Vietnam. In Hong Kong, Nord-Irland, Macau und Taiwan Geborene dürfen an der Lotterie teilnehmen.

Jeder Teilnehmer muss über 18 Jahre alt sein. Man kann teilnehmen wo immer man lebt – sogar in den USA. Man muss das Equivalent zu einem *High School Diplom* (Abitur) oder zwei Jahre Erfahrung in einem Job besitzen, der mindestens zwei Jahre Übung erfordert.

Englische Sprachkenntnisse oder Verwandte in den USA sind *keine* Voraussetzung für die Teilnahme an der Lotterie. Und man benötigt keine Geldreserven oder eine bereits zugesicherte Arbeitsstelle, muss jeoch glaubhaft nachweisen, dass man arbeiten und/oder sich selbst versorgen kann. Nicht teilnehmen dürfen Vorbestrafte, psychisch Gestörte oder Menschen, die in anderer Weise eine potentielle Gefahr für das Allgemeinwohl darstellen. Man kann ebenfalls an der *Green Card Lottery* teilnehmen, wenn bereits ein Antrag auf ein Visum besteht.

Zu den prominentesten Auswanderern in die USA zählt sicherlich das deutsche Tennis-As *Steffi Graf*. Hier finden Sie interessante Infos dazu: *http://auswandern-aktuell.de/promis/graf/seite1.html*

Nützliche Adressen:

Botschaft der USA in Deutschland
Neustädtische Kirchstr. 4-5, 10117 Berlin, Tel.: (030) 8305-0,

Botschaft der USA in Österreich:
Boltzmanngasse 16, 1090 Wien, Tel.: (01) 31339-0, Fax: (01) 31006-82

Botschaft der USA in der Schweiz:
Jubiläumsstrasse 93, 3001 Bern, Tel.: (031) 357-7011, Fax: (031) 357-7344

Botschaft von Deutschland in den USA:
4645 Reservoir Road NW, Washington, D. C., Tel.: 1-202-298-4000

Botschaft von Österreich in den USA:
2343 Massachusetts Ave., Washington, D. C., Tel.: 1-202-895-6700

Botschaft der Schweiz in den USA:
2900 Cathedral Ave. NW, Washington, D. C., Tel.: 1-202-745-7900

Aktuelles Informationsmaterial:

Broschüren, E-books:

http://members.aon.at/rstumpf/einwanderung.pdf (Die Festung Europa und das klassische Einwanderungsland USA, 23 Seiten, gratis zum Downloaden)

http://www.politische-bildung.at/content/download/1630/ massenmigration_ europa.pdf (Massenmigration in Europa, 46 Seiten, gratis)

Internet: Top-Websites, Landesinformationen und Foren:

http://www.GreenCardShop.de (Teilnehmen an der US-Greencard-Verlosung ab 9.95 Euro!)

http://www.puetz-colorado.com/auswanderung.htm (Viele Links und Infos der ausgewanderten Familie Pütz aus Colorado).

http://www.usembassy.de/faqs/arbeiten_faq.htm (Gute weiterführende Links zum Thema "Arbeiten in den USA")

http://www.auswandern-usa.com (USA-Forum mit zahlreichen Infos zum Rumstöbern)

Neuseeland – frische Brise für Einsteiger

Einwanderung:

Neuseeland ist – wie Kanada, USA, Paraguay oder Australien – ein klassisches Einwanderungsland der Neuen Welt. Die ersten deutschen Siedler gingen bereits 1843 im Hafen von Nelson von Bord der *St. Pauli*.

Heute läuft die Einwanderung nach einem Punkteverfahren ab. Der Antragsteller erhält Punkte für verschiedene Faktoren wie Ausbildung, Berufserfahrung, Alter usw. Die notwendige Mindestpunktzahl, um *permanent resident* zu werden, wird jährlich neu festgelegt. Das maximale Alter für Einwanderer liegt derzeit bei 45 Jahren. Darüber hinaus ist ein Kapitalnachweis (ab 100.000 NZ$) erforderlich.

Auf Grund der hohen Bewerberzahlen wurde schon vor einigen Jahren ein umfangreiches und relativ kompliziertes System eingeführt, das den Zustrom von Immigranten zum Vorteil des Landes regulieren, aber auch humanitären Pflichten nachkommen soll (Asylanten). Das Einwanderungsrecht unterliegt einem ständigen Wandel und wird wegen der sich häufig ändernden politischen und wirtschaftlichen Einflüsse für den Laien leider zunehmend undurchschaubarer. Etwa 40.000 Immigranten und 500 zuwandernde Investoren nimmt Neuseeland alljährlich auf.

Seit 1984 existiert zwischen der Schweiz und Neuseeland eine Vereinbarung, wonach Personen mit abgeschlossener Berufsausbildung während einer befristeten Zeit ihre beruflichen und sprachlichen Kenntnisse erweitern können. Die ausgeübte Tätigkeit muss jedoch im erlernten Beruf erfolgen, die Personen müssen zwischen 18 und 30 Jahre alt sein und über gute Englisch-Kenntnisse verfügen.

Infos dazu erhalten Sie unter: *swiss.emigration@bfa.admin.ch*

Im Rahmen des Studentenaustausches gibt es inzwischen einige Erleichterungen zwischen Neuseeland und beispielsweise Deutschland: Hiernach können junge Deutsche jetzt mit einem *Visum für einen Ferienarbeitsaufenthalt* bis zu einem Jahr im Land bleiben und einen Teil ihrer Aufenthaltskosten durch Ferienarbeit verdienen. Eine Arbeitsgenehmigung ist dafür nicht mehr nötig.

Das durchschnittliche Jahreseinkommen bewegt sich in Neuseeland um etwa 35.000.- US-Dollar. Bedarf besteht vor allem an qualifizierten Handwerkern wie Schlosser, Mechaniker, Tischler, Dreher, Glaser etc., die gute Chancen auf Arbeit vorfinden. Gefragt sind auch Krankenschwestern und Computerfachleute, die in Neuseeland ebenso gebraucht werden, wie sonst überall auf der Welt.

Selbständige können hier binnen weniger Tage eine eigene Firma gründen. Bei Gründung einer neuseeländischen GmbH ist kein gesetzliches Mindestkapital vorgeschrieben. Die freie Wirtschaft wird auch dadurch wesentlich erleichtert, dass es in Neuseeland weder eine Gewerbe- noch eine Handwerksordnung gibt. Allerdings ist zu empfehlen, sich vorerst im Lande einzuleben und die Situation der geplanten Tätigkeit (Branche) kennenzulernen, ehe man geschäftlich aktiv wird. Die geschäftlichen Gepflogenheiten sind etwas gewöhnungsbedürftig und es müssen in der Regel erst neue Kontakte aufgebaut werden, die dem Neuling im Lande meistens fehlen.

Nützliche Adressen:

Botschaft von Neuseeland in Deutschland
Friedrichstrasse 60, 10117 Berlin, Tel.: 030 / 20 62 10
E-Mail: nzemb@t-online.de

Generalkonsulat von Neuseeland in Österreich:
Springsiedelgasse 28, 1190 Wien, Tel.: 01-318 8505
E-Mail: bbolt@cso.net

Generalkonsulat von Neuseeland in der Schweiz:
1218 Grand Saconnex, 1211 Geneva, Tel.: 022-929 0350
E-Mail: nz@mbox.unicc.org

Botschaft von Deutschland in Neuseeland:
90 Hobson Street, Wellington , Tel.: 04/4 73 60 63 , Fax: 04/4 73 60 69

Botschaft von Österreich in Neuseeland:
22 Garrett Street 2nd Floor, Wellington, Tel.: 04-80 19 709, Fax: 04-38 54 64 2

Botschaft der Schweiz in Neuseeland:
22 - 24 Panama Street, Wellington, Tel.: 04-47 21 59 3, Fax: 04-49 96 302

Aktuelles Informationsmaterial:

Broschüren, E-books:

http://www.immigration-nz.co.nz/Fragebogen.PDF (6-seitiger Fragebogen für Auswanderer in Deutsch zum Downloaden)

http://www.kreitlein.com/nz/nz/autor/dl/KOnTour.zip (Umfangereiche bebilderte Reiseerlebnisse und Neuseeland-Tagebuch von Knut zum Downloaden.)

Internet: Top-Websites, Landesinformationen und Foren:

http://www.new-z.net - Your New Zealand Guide
(Auf dieser Website finden Sie alle Informationen über Neuseeland, die Sie für Ihre Reise und deren Planung benötigen.)

http://www.neuseeland-news.co.nz (Eine breite Palette an interessanten Berichten und News in deutscher Sprache)

http://www.neuseeland-info.de (Schöne Info-Website mit kunterbunten Themen aus Neuseeland).

Südafrika – Natur pur

Einwanderung:

Einwanderer nach Südafrika müssen, um als solche klassifiziert zu werden, eine Daueraufenthaltsgenehmigung beantragen. Eine solche können nur *qualifizierte* Personen erhalten, ungelernte Antragsteller haben kaum eine Chance, das begehrte Dokument zu erhalten. Hochqualifizierte Fachkräfte, finanziell unabhängige Personen oder potentielle Unternehmer, insbesondere wenn diese Investitionen im Land durchführen, sind hingegen willkommen.

Arbeitnehmer benötigen ein definitives Arbeitsangebot von ihrem zukünftigen Arbeitgeber, das bei Vorlage nicht älter als 6 Monate sein darf und folgende Kriterien erfüllen muss:

Die angebotene Position, Monats- bzw. Jahresgehalt und allfällige sonstige Leistungen, Zeitraum der Beschäftigung (unbefristet), ob der Bewerber einem Eignungstest unterzogen, und ein persönliches Gespräch geführt wurde. Außerdem muss der Arbeitgeber die Gründe dafür angeben, warum die offene Stelle nicht durch einen südafrikanischen Staatsbürger besetzt werden kann und ob zu diesem Zweck erfolglos eine Annonce in einer südafrikanischen Zeitung geschaltet wurde.

Zusammen mit dem Antrag auf Daueraufenthalt müssen nachschulische Qualifikationen, eine berufliche Ausbildung und andere Referenzen vorgelegt werden. Zum Nachweis sind hierfür Originaldokumente bzw. beglaubigte Fotokopien einzureichen. Zudem muss die sprachliche Qualifikation des Antragstellers gewährleistet sein (Englisch oder Afrikaans). Antragsteller, die als 'unabhängige Person' eingestuft werden möchten, müssen – je nach den persönlichen Umständen – eine Summe von etwa 700.000.- Rand vorweisen.

Darüber hinaus kann eine Aufenthaltsgenehmigung beantragt werden, wenn folgendes zutrifft:

• Familienzusammenführung
• geplante Verheiratung mit einem südafrikanischen Staatsbürger

• Einstieg in eine bereits existierende südafrikanische Firma
• Sie möchten sich in Südafrika (finanziell unabhängig) zur Ruhe setzen
• ausländische Vollzeit-Studenten

Da die Bestimmungen zur Erlangung der Daueraufenthaltsgenehmigung immer wieder Ergänzungen und Änderungen unterworfen sind, ist es zweckmäßig, wenn sich Interessenten mit ihrem zuständigen südafrikanischen Konsulat in Verbindung setzen. Auswanderer sollten sich bereits im Heimatland um die Beschaffung eines Arbeitsplatzes bemühen.

Nützliche Adressen:

Botschaft von Südafrika in Deutschland
10117 Berlin, Friedrichstr. 60, Atrium, 3. und 4. OG, Tel.: 030-22073-0
E-Mail: konsular@suedafrika.org

Botschaft von Südafrika in Österreich:
Sandgasse 33, 1190 Wien, Tel : 320-6493, Fax: 328-3790
E-Mail: saembvie.admin@aon.at

Botschaft von Südafrika in der Schweiz:
Alpenstraße 29, 3006 Bern, Tel.: 031 / 350 13 13
E-Mail: consular@southafrica.ch

Botschaft von Deutschland in Südafrika:
Deutsche Botschaft 180, Blackwood Street Arcadia, Pretoria 0083, P.O.Box 2023
Tel: 34 43 859, Fax: 34 39 401, E-Mail: GermanEmbassyPretoria@gonet.co.za

Botschaft von Österreich in Südafrika:
Apollo Center, 405 Church Street, P.O.Box 19572, Pretoria 0001
Tel.: 012 / 322 77 90, Fax: 012 / 322 77 93

Botschaft der Schweiz in Südafrika:
818 George Avenue, Arcadia, P.O.Box 2289, Pretoria 0001
Tel.: 012 / 437 788/9, Fax: 012 / 342 18 19

Aktuelles Informationsmaterial:

Broschüren, E-books:

http://www.suedafrika.org/download.html (Bewerbungsunterlagen und vieles mehr, dirtekt bei der Botschaft zum Downloaden)

www.eda.admin.ch/eda/g/home/traliv/living/publi/introd/ Chapt10.Par.0002.UpFile.pdf/dc_030225_complete_g.pdf
(Ratgeber für Schweizer Auswanderer, 64 Top-Info-Seiten zum Gratis-Download, die auch für Nicht-Schweizer sehr informativ sind!)

http://www.southafricantourism.de/info/infomaterial.html (Jede Menge an informativen Einzelthemen über Südafrika, alles zum gratis downloaden)

Internet: Top-Websites, Landesinformationen und Foren:

http://www.kapstadt-guide.de/ (Hervorragende Webseite mit guten Landesinfos)

http://www.afrikaaktuell.com/KAZ/kaz.html (Kleinanzeigen online lesen und selbst verfassen).

http://auswandern-aktuell.de (Alle beliebten Auswanderungsländer in Wort und Bild)

Beliebte Insel-Paradiese

Die Kanarischen Inseln

Es gelten die Einwanderungsbedingungen für Spanien. Ein ganzjährig ausgeglichenes Klima, moderate Lebenshaltungskosten und eine gute Infrastruktur sind die Vorteile dieses Landes.

Studenten, Rentner und nicht Erwerbstätige müssen die Zugehörigkeit zur Sozialversicherung ihres Heimatlandes und ein regelmäßiges Einkommen nachweisen können, um eine ständige Aufenthaltsgenehmigung in Spanien zu erhalten. Dieser Antrag kann nicht fernschriftlich gestellt werden, sondern er ist persönlich bei der zuständigen Polizei oder Ausländerbehörde abzugeben.

In Madrid ist dies:

Comisaría de Policía del Distrito del Retiro, C/Moratín, 43, esquina San Pedro; 28014 Madrid, Tel.: (0034) 91- 429 09 94

Bei der Beantragung der Aufenthaltserlaubnis sind folgende Unterlagen erforderlich: Pass oder Personalausweis, 3 Passfotos und bei Arbeitnehmern eine Kopie des Arbeitsvertrages. Bei Selbständigen wird eine Bescheinigung verlangt, woraus zu ersehen ist, dass die Voraussetzungen für die Genehmigung zur Ausübung einer selbständigen Tätigkeit in Spanien erfüllt werden.

Die Dominikanische Republik

Der Anteil an hier lebenden Ausländern ist äußerst gering. Wer sich hier niederlassen möchte, muss entweder Arbeitsplätze schaffen, deren Beständigkeit auch immer wieder kontrolliert wird, oder in anderer Weise in das Leben im Lande integriert sein.

Spezielle Kenntnisse reichen dafür in der Regel nicht aus, eher nachweisbare, jahrelange intensive Beziehungen zu dominikanischen Familien. Es gibt keinerlei Rechtsanspruch auf einen ständigen Wohnsitz im Land. Eine erteilte Genehmigung kann daher auch jederzeit ohne Einspruchsmöglichkeit widerrufen werden.

Die Dominikanische Republik hat sich in den vergangenen Jahren zum Mallorca in der Karibik entwickelt.

Irland

Wer sich als EU-Bürger länger als drei Monate in Irland aufhält, benötigt eine Aufenthaltserlaubnis (*Residence Permit*), die innerhalb von drei Monaten nach der Einreise beim zuständigen Einwohnermeldeamt des jeweiligen Bezirks beantragt werden muss.

Um in Irland arbeiten zu können muss man bei der Einreise bereits eine Arbeitsstelle nachweisen können. Irlands wichtigster Wirtschaftszweig ist die Landwirtschaft, da rund 70 % der Gesamtfläche landwirtschaftlich genutzt wird. Nebenbei werden Rinder und Schafe gehalten und Kartoffeln, Futter-, Brauerei- und Brotgetreide angebaut. Wichtig sind auch die Nahrungs- und Genussmittelindustrie, Elektronik- und Computerbranche, Maschinenbau und chemische Industrie sowie die Textilindustrie (Tweedherstellung).

Bahamas

Die Wohnsitznahme durch Ausländer ist problemlos. *Im Immigration Amendment Act* of 1975 unterscheidet man zwischen der

- *temporary residence* (nur vorübergehende, auf ein Jahr begrenzte Aufenthaltsgenehmigung) und der
- *permanent residence* (Daueraufenthaltserlaubnis mit nachgewiesenen Einkünften aus dem Ausland und entsprechender Bankreferenz).

Anträge an das Einwanderungsamt:

Immigration Department, Hawkins Hill, PO Box N-831, Nassau, New Providence, Tel: 322 75 31. Fax: 326 09 77.

Samoa

Der Anteil an Ausländern ist in Samoa ist äußerst gering (ca. 2.000 Weiße). Die meisten von ihnen leben und arbeiten in Samoa für eine befristete Zeit. Nach Ablauf der Aufenthaltsgenehmigung müssen sie das Land wieder verlassen. Dauerhaft leben etwa nur 25 bis 30 Deutsche in Samoa. Wer sich hier niederlassen möchte, muss entweder Arbeitsplätze schaffen, deren Beständigkeit auch immer wieder kontrolliert wird, oder in anderer Weise in das Leben im Lande integriert sein. Eine der selten erteilten Aufenthaltsgenehmigungen kann jederzeit und ohne Einspruchsmöglichkeit widerrufen werden.

Tipps und Hinweise für Auswanderer

Das vorliegende Buch "AUSWANDERN – Nix wie weg!" kommt nicht mit etwas über 90 Seiten aus, weil Autor und Herausgeber der Meinung sind, nur so könne man 'einen schnellen Euro' verdienen, sondern weil sich ständig Adressen, Vorschriften und Einwanderungsformalitäten ändern. Kein auch noch so dicker Buchwälzer könnte daran etwas ändern.

Mit diesem Buch erhalten Sie gleichzeitig den Schlüssel zu den internen Leserseiten auf der Homepage des Autors, welche 'normalen' Besuchern verschlossen bleiben. Dieser geschlossene Leserbereich wird ständig mit den neuesten Infos für Auswanderer aktualisiert und ergänzt. Auch was hier zu kurz kommt – Bildmaterial, Karten, weitere Länderinfos, nützliche Adressen und Kontakte – werden Sie dort neben einem speziellen Auswanderer-Forum vorfinden. Exklusiv für Sie, der Sie dieses Buch von MediaVision erworben haben, endet somit Peter Thul's Ratgeber nicht mit dem Zuklappen dieses Buches, sondern die Info-Reise durch die beliebtesten Einwanderungsländer dieser Welt beginnt damit erst. Lassen Sie sich also überraschen und empfehlen Sie dieses Buch weiter...

Und so kommen Sie in den geschützten Leserbereich der Homepage von Peter Thul, den Sie sicherlich auch im Auswanderer-Forum treffen werden:

Geben Sie bitte folgenden Link in die Adressleiste Ihres Web-Servers ein: **http://auswandern-heute.de/pthul**. Ihr Codewort zum internen Leserbereich lautet: *nixwieweg*. Bitte missbrauchen Sie diese Information nicht und veröffentlichen Sie sie nicht in Foren usw., damit uns Peter Thul mit einem immer aktuellen Service auch zukünftig erhalten bleibt, um Sie – seine Leserin, seinen Leser – mit vielen nützlichen und wertvollen Infos weiterhin versorgen kann.

Viel Erfolg, Umsicht und Glück für die Zukunft wünschen Ihnen
Ihr Mini-Team von HWK-MediaVision und Peter Thul.

Weitere Bücher von HWK-MediaVision finden Sie auf unserer Website **http://klartext.cc** – hier einige aktuelle Titel aus unserem Programm:

T. Simrun

Die Stimme des Schamanen

Das Sachbuch, das in punkto Glück und Erfolg keine Fragen mehr offen lässt! Ein fantastischer Wegweiser für jeden Tag im Jahr, der Ihnen sehr rasch zeigt, dass nichts in dieser Welt nur rein zufällig zu sein scheint!
Glück, Erfolg, Wohlstand – die "Stimme des Schamanen" begleitet Sie nicht nur durchs Leben, sondern holt Sie auf die Sonnenseite des Lebens zurück!

C.G. Roth

Klartext: Die besten Lottotricks!

Immer schöpfen andere den Rahm beim Spiel ums große Lottoglück und den Jackpot ab! Muss das wirklich so sein – ist alles nur unbeeinflussbarer Zufall...?
C.G. Roth's hitverdächtiges Buch, rund ums Lotto und den Jackpot, ist anders als alles was wir bisher über das Millionenspiel zu lesen bekamen! Er stellt nicht nur abschreibfertige Top-Systeme vor, zeigt nicht nur, wie man im Schnellverfahren selbst gute Systeme schreibt, sondern er wartet mit Lotto-Tricks und Kniffs auf, die einem glatt die Sprache verschlagen!

Peter Thul

PARAGUAY: Das Insider-Handbuch für Auswanderer

Das Land der Gauchos und Kolibris gehört seit Jahrzehnten zu den Favoriten der Einwanderungsländer. Dieses Insider-Handbuch zeigt, wie man ohne Frust und Reue seine neue Wahlheimat genießen kann. Ein Land, um wieder zu sich selbst zu finden, zum Relaxen und Ausspannen. Aber es gibt auch einige sehr wichtige Einstiegsregeln, die man kennen sollte, um die Schönheiten und Vorzüge des Landes ungetrübt genießen zu können. Wer glaubt, diese 8,90 Euro für Peter Thul's Insider-Handbuch einsparen zu müssen, ist selber schuld...

Wertvolle Starthilfen, Einwanderungsbedingungen, nützliche Adressen, Informationen über ärztliche Versorgung, Lebenserhaltungskosten, Bauen, Mieten, Versicherungen, das Schul- und Rechtswesen im Land, deutsche Notare, Übersetzer, Anwälte und Helfer für Behördengänge machen dieses Insiderbuch unverzichtbar für Einwanderer!

Mehr Infos zu den Büchern, Bestellmöglichkeit für signierte Autoren-Exemplare und unsere preiswerten e-book-Ausgaben finden Sie auf unserer Webseite **http://klartext.cc** sowie auf den

Autoren-Homepages:

Peter Thul:	http://auswandern-heute.de
Ray O. Nolan:	http://nostradamus-prophezeiungen.de
T. Simrun:	http://voraussagen.de
C.G. Roth:	http://lotto-trickkiste.de